Enticing Environments
for People Under Three

0—3岁婴幼儿
托育机构环境创设

[美] 劳拉·威廉（Laura Wilhelm）/ 著
史 瑾 / 译

中国轻工业出版社

图书在版编目（CIP）数据

0—3岁婴幼儿托育机构环境创设 /（美）劳拉·威廉（Laura Wilhelm）著；史瑾译. —北京：中国轻工业出版社，2023.5

ISBN 978-7-5184-4203-4

Ⅰ. ①0… Ⅱ. ①劳… ②史… Ⅲ. ①幼儿园－环境设计 Ⅳ. ①G617

中国国家版本馆CIP数据核字（2023）第013248号

总 策 划：石　铁
策划编辑：高　君　　责任编辑：张天怡
责任终审：张乃柬　　责任校对：刘志颖　　责任监印：吴维斌

出版发行：中国轻工业出版社（北京东长安街6号，邮编：100740）
印　　刷：三河市双升印务有限公司
经　　销：各地新华书店
版　　次：2023年5月第1版第1次印刷
开　　本：880×1230　1/32　印张：4.875
字　　数：46千字
书　　号：ISBN 978-7-5184-4203-4　定价：42.00元
读者热线：010-65181109，65262933
发行电话：010-85119832　传真：010-85113293
网　　址：http://www.chlip.com.cn　http://www.wqedu.com
电子信箱：1012305542@qq.com
如发现图书残缺请拨打读者热线联系调换
221426Y1X101ZYW

译者序

目前，我国正处于“低生育进程”的人口发展阶段。从一方是独生子女的夫妇可生育两个孩子的“单独两孩”到“全面两孩”再到一对夫妻可以生育三个子女的政策，为了改善人口结构、积极应对人口老龄化、保持人力资源优势，政府一直致力于优化相关政策，大力发展托育服务，解决民众养育难题。2019 年 5 月国务院办公厅印发了《关于促进 3 岁以下婴幼儿照护服务发展的指导意见（试行）》，明确提出鼓励规范发展多种形式的托育服务。2019 年 10 月国家卫生健康委发布《托育机构设置标准（试行）》和《托育机构管理规范（试行）》，对托育机构的硬件设施、婴幼儿的安全和健康、保教质量以及监管等方面做出了具体的规定。2021 年 1 月国家卫生健康委颁布了《托育机构保育指导大纲（试行）》，提出要按照儿童优先的原则促进婴幼儿在均衡营养与喂养、睡眠、生活与卫生习惯、动作、语言、认知、情感与社会性等方面的全面发展，提升婴幼儿照护服务水平。2021 年我国 4200 万个 3 岁以下婴幼儿的入托率仅为 5.5% 左右，发达国家婴幼儿在各类型托育机构的入托率基本维持在 25%~55% 之间。随着我国“三孩政策”的实施，人民群众对高质量托幼服务的需求不断激增，“幼无所托”“幼无优托”的现象受到国家重视。《中华人民共和国国民经济和社会发展第十四个五年规划和2035年远景目标纲要》草案中将“发展普惠托育服务体系”作为新增指标，未来将会有更多婴幼儿进入托育机构。大量研究表明，托育机构质量与婴幼儿的行为、社会性发展有着密切的关系，尤其是接受过高质量托育服务的婴幼儿更可能在各项发展上优于那些没有或接受低质量托育服务的婴幼儿。

托育机构是婴幼儿从熟悉的家庭环境进入的第一个较为陌生的、需要快速熟悉的生活和游戏场所。托育环境是婴幼儿重要的教育资源，科学创设和利用托育环境，不仅能够有效促进婴幼儿的发展，还能让身处其中的教师沉浸在“无声胜有声”的氛围中。为婴幼儿创设适合他们身心发展和需求的托育环境，既是举办者的职责，也是托育教师和所有工作人员的重要任务。

近几年来，我有幸主持和参与国家卫生健康委以及北京市卫生健康委等多个托育项目的调研，在对各地托育机构，包括家庭式托育调研走访过程中发现，托育机构环境质量差异大，在环境创设中存在一些问题，比如，婴幼儿活动材料投放种类单一，适宜性差，婴幼儿取放不便，环境创设中存在安全隐患；部分托育机构追求环境和设施设备的奢华高档化；一些托育机构用心打造一眼可见的公共区域却不重视班级里玩具和图书的配备等问题。托育机构的环境与设施是家长最看重的外显属性，家长的选择对托育机构的生存与发展具有决定性的影响。

杜威说：“想改变一个人，必须先改变环境，环境改变了，他自然也就会改变。”机缘巧合之下，我接触了这本小书，它通过大量图片和案例，极具说服力地提出了有吸引力、好玩有趣、引人入胜的托育环境创设理念，为我们提供了全新的环境创设思路。本书不仅让我们再次认识了婴幼儿超强的学习和模仿能力，见证了了不起的婴幼儿的成长过程，探讨了如何为他们创设进行语言交流、认知思考、情感养育的环境，还特别关注教师的专业成长，呼吁婴幼儿教师在如此高强度的工作下，学会关怀自己，设身处地为教师提出落地可行的建议和策略。

本书是一本操作性极强的环境创设指导手册。它没有学术性的理论阐述，更多的是对一线实践经验和优秀做法的分享和讨论，其实用性、针对性、趣味性强。在繁忙的工作中抽出一些时间读一读，并动手试一试，你将会为我们的婴幼儿做出一些改变。

亲爱的朋友，一起来领略本书的风采吧！

史瑾

2022 年 10 月

前　言

班级学习环境对儿童学习、技能发展、自信心建立以及社会交往等方面具有巨大的影响。即便是婴儿和学步儿，适宜的环境也有助于他们的学习与发展。在本书中，我们将探讨迷人、有吸引力且充满童趣的环境的各个方面，讨论如何为 3 岁以下婴幼儿创设充满教育性、支持性和挑战性的班级空间。

- 我们会从颜色、声音、气味、家具摆放、采光和纹理等方面进行环境考量。
- 我们将婴幼儿按照年龄进行分组，并提供适宜的日常活动。
- 我们会思考促进婴幼儿语言、身体、情感和认知发展的方法。

纵观全书，我呈现了一些婴幼儿在真实活动场景中的照片。在大多数情况下，这些环境创设的想法都可以通过使用低成本的材料和些许创造力来实现。（认识擅长使用工具的人也会很有帮助。）我希望书中的内容能够激励你将其中的一些想法应用在自己的班级里。

研究和经验告诉我们，一个能够满足婴幼儿及其照护者需求的班级空间，能够促进婴幼儿和照护者的迅速发展。我希望本书中分享的想法和提供的信息能够激励并丰富你的婴幼儿照护工作。

目　录

第一章

了不起的婴幼儿

婴儿是很了不起的。如果你不相信，那么你可以花几分钟观察一个小宝宝是如何探索新事物的。你几乎可以看到他脑海里的“小轮子”在不停地转动。3 岁以下的孩子有堆积如山的工作要做。在出生后的短短几个月里，他们就开始思考自己的身体是如何活动的：如何抓握、如何翻身，然后是如何坐起、站立、爬行和奔跑。

即便是刚出生的小婴儿也表现出了令人钦佩的能力和好奇心，他们会回应照护者，也会学习引发周围不断扩大的世界对他们做出反应。

婴儿天生就是科学家。他们拥有与生俱来的好奇心和探索能力。当他们开始与“镜中的自己”玩耍时，表明他们正在建构自我概念。当他们对意料之外的事物感到惊讶时，很明显，他们正在对自己身体之外的世界建立认知。我们不必怀疑他们是否准备好了学习新的东西——当他们准备好尝试一项新技能时，他们就会去做！我们需要做的是细致观察并利用婴儿发出的信号为他们提供安全、适宜的环境，从而促使他们能够茁壮成长。我们要努力地像婴儿看我们一样专注地观察他们。

埃莉诺·戈德施米德（Elinor Goldschmied）是一位教育家，她研究了第二次世界大战期间和之后被集体照护的孤儿。她使用“3 岁以下的人”一词，而非“小孩子”或“婴儿”等词汇表达对这些孤儿的深切尊重。“小孩子”一词听上去有种高高在上的感觉，而“婴儿”一词则像医学术语一样给人一种距离感。当时，人们认为婴儿很可爱但是能力不足。许多人认为，婴儿仅仅是在哭泣、睡觉、吃饭时才与周围的世界互动。甚至到了 20 世纪 80 年代，研究人员还认为，由于痛觉感受器并未发育成熟，婴儿无法真正感受到疼痛。父母们被告知：“采集足跟血，新生儿并不会真的感到疼。”然而，现在的科学研究告诉我们，婴儿像成人一样也会感受到疼痛。婴儿比人们想象的更有意识性和互动性，正如埃莉诺 · 戈德施米德所理解的那样。如今，研究人员正在寻找新的方法来证明婴儿已经知道什么，以及他们是如何不断学习的。

在很多方面，我们低估了婴幼儿的能力。诸多关于利他主义的研究（Warneken & Tomasello，2006；Hu，Li，Jia，& Xie，2016；Barragan，Brooks，& Meltzoff，2020）表明，15个月大的学步儿即使在没有任何物质奖励，甚至在必须克服困难的情况下，仍然会帮助他人。婴幼儿不仅有能力，更会不遗余力地帮助他人，尤其是当他们与需要帮助的人之前有过交往时。

我们有时候也高估了婴幼儿的能力。例如，一个学步儿将物体逐一排列，表现出了对数学的兴趣。虽然这个游戏能够为以后的数学学习奠定基础，但这种行为并不意味着他准备好解决数学问题了。尽管你可能在广告宣传中看到了婴儿识别字母图案和模仿阅读的行为，但婴儿并不需要学习阅读——现在还不是时候。与其教婴幼儿这些看起来像是学业学习的小技巧，还不如将时间用于和孩子们一起玩耍。

跟随婴幼儿的步伐并促进他们去发现，我们可以帮助他们形成现有的理解能力。我们如果细心观察，就会发现孩子们在向我们展示他们需要什么；他们的每个行为都在传达信息。婴幼儿需要得到照料和呵护，需要大量丰富的经验，从而为以后的学业学习奠定坚实的基础。生命的第一年是使用所有感官探索和学习的时期，当我们仔细观察婴儿的自发游戏时，我们能够发现他们现有的理解能力，并能够为其规划新的挑战。

美国儿科医生 T. 贝里 · 布雷泽尔顿（T. Berry Brazelton）及其同事编制了《新生儿行为评价量表》（Neonatal Behavioral Assessment Scale，NBAS），用于展现新生儿的能力。该量表给家长带来的启示是，新生儿已经在学习和使用先天性反射。例如，从出生的第一天起，婴儿就表现出对熟悉的声音的偏好。当你抱起一个刚出生的婴儿，并让婴儿的父母和陌生人分别站在婴儿的两侧说话时，婴儿就会转向父母那边。大脑中被称之为镜像神经元的细胞能够让婴儿模仿周围人的面部表情。例如，即使刚出生的婴儿也可以模仿伸舌头。如果你向小婴儿示范几次伸舌头，那么他会慢慢地像你一样伸出舌头！（对着朋友家的孩子试一试，朋友可能会对你的行为感到奇怪，但一定会对新生儿的这项技能印象深刻。）刚出生的婴儿就能通过气味辨别母亲的乳汁，他们能用眼睛追踪一个红色的小球。当你把婴儿竖起来的时候，他们会条件反射性地做出迈步的动作。当父母看到孩子表现出来的这些能力时，他们就会把孩子视作有学习能力的人。我们不必等孩子长大才开始教他们，婴儿从出生之日起就开始了学习之旅。作为成人，我们总会认为自己的孩子是特别的，这种偏爱帮助我们保护孩子成长。《新生儿行为评价量表》将帮助我们将孩子视为学习者。

是的，阅读对年幼儿童的成长非常重要，但唱歌、跳舞、说话和游戏也同样重要。环境中的物品给儿童提供了学习的机会，非常年幼的儿童通过触觉、味觉、嗅觉、视觉和听觉等感官来认识世界。他们被有趣的纹理吸引，如编织而成的篮子和木块。6 个月后，给婴儿提供固体食物时要允许他们用手指去触摸和探索，这样做可以将食物的味道、质地、气味和声音与营养结合起来。当决定接下来要吃什么时，学步儿能够通过味道、颜色和形状来识别蔬菜。

即使我们的歌声并不婉转悦耳，小婴儿也会做出反应。他们喜欢大笑的声音，喜欢自己发出的声音，也喜欢踢腿和敲打物品。当婴儿咿咿呀呀和成人对话时，他们会和成人一来一回地轮流说话，会停顿下来等待成人做出回应，也会像成人那样有节奏地做出手势。他们有疑问的时候会提高音调，其他时候，他们的发音有力。婴儿牙牙学语时会模仿他们经常听到的语言。

婴儿需要自由地移动去探索世界和锻炼肌肉。在室内外游戏时，他们需要伏地挺身、翻滚、爬行蠕动和踢腿。他们需要俯卧在地板上通过向上的推力来增加手臂、脖子和肩膀的肌肉力量，之后利用这些肌肉爬行。他们需要通过仰卧来放松、伸展和踢腿。一旦能够翻身，他们便会想尽办法将自己的身体朝感兴趣的物体方向快速挪动。当他们被束缚在宝宝摇椅或摇篮里时，便不会出现上述行为。

很多小宝宝喜欢待在摇篮里，但是由于摇篮限制了小宝宝的活动范围，不能有效地促进他们的肌肉发展，因此他们待在里面的时间不应超过 20 分钟。所谓的“学步车”并不能教孩子学会走路，因为在“学步车”里的孩子不能学会支撑住自己的重量。非常年幼的孩子需要很多站立的机会，沿着家具的边缘缓慢前行，练习走路。

迷人、有吸引力的环境

适宜的环境是为我们最年幼的公民开展教育课程的一部分。精心设计的环境能够滋养婴幼儿的好奇心，激发他们探索和试验的想法。当婴儿在地板上爬行时，他们小小的手指会忍不住地伸进地板上的小孔里。他们会被诸如编织的垫子、光滑的瓷砖地板、橡胶垫和柔软的地毯之类的物品吸引，去探索和发现它们有趣的纹理。学步儿对走路和跑步非常着迷。他们喜欢可以推拉的玩具，也喜欢爬楼梯或台阶。2 岁的孩子有时非常具有创造力，会开始用积木和木偶创编故事情节来讲述游戏。例如，一个 2 岁的孩子每天早上到达学校，经过我的办公室时，都会将两只带铁丝腿的布鸟脸朝下地放在桌子上。几天之后，他的妈妈解释了他这样做的原因："这样它们就能吃东西了。"

与婴幼儿视线齐平的漂亮图案可以吸引婴幼儿的注意力。要想亲自看看婴幼儿看到了什么，就趴在地板上。观察你脚踝高度附近的可见物，你注意到了什么？你看到桌腿、鞋子和架子了吗？有没有发现，婴儿可能想要通过快速移动、打滚、爬行去探究有趣的事物？跪在地板上，从平常肘部的高度（即婴儿被抱在膝盖上的视角）看去，这个房间看起来有哪些不同？墙上有艺术品吗？你能看到由有趣的物品

做成的悬挂物吗？站起来，看看当婴儿被举起或抱起时，从与你的肩同高的地方可以看到什么。你能透过窗户看到外面吗？你能留意到一个可以探索的阁楼或一个可以凝视的悬挂物吗？

美的呈现

与成人一样，婴幼儿喜欢漂亮的设计和安静舒适的内部装饰。房间里应该有漂亮的艺术品、有缓解眼疲劳的空白区域、视野开阔的窗户、能够反射光线并让婴幼儿看到自己和其他人脸的镜子。用柔和的颜色涂抹墙壁，使其与作品的背景融为一体，这样婴幼儿就会将注意力聚焦于儿童作品上而不是墙面。儿童的艺术作品应该看起来令人愉快，我们应该充满尊重地展示儿童的艺术作品。例如，如果儿童已经能够在大纸上涂鸦，提供纸张时就不能直接将纸从卷筒中撕下来，而是要将纸张的边缘修剪平整。额外花一点时间将画装裱在空画框或者垫子上，将其悬挂在儿童能够看到的墙面上。建议大家使用顶部不封口的树脂相框，这样能够随时更换照片和艺术品。在安全的前提下，你可以将作品展示在离地面不太高的区域，让儿童能够近距离地观察作品。

提供可以探索的空间和材料

视线清晰的开放式空间布局有助于照护者随时进行视听监管，这对于确保婴幼儿的安全十分必要。婴儿需要开放的空间去爬行，也需要机会在安全的环境中探索。在婴幼儿活动区内，提供质地柔软、纹理诱人的地毯和垫子，有助于婴幼儿躺着或趴在上面玩，可以用架子或门来保护他们免受可移动儿童的伤害或碰撞。婴幼儿经常在班级里打滚、快速移动、爬行，特别是在日常照料中的喂养、换尿布、感统练习和艺术探索活动中，容易把地面和台面弄脏，因此要为这些区域提供表面易于清洁的材料，如油布、木质品、瓷砖或乙烯基地板。你可以随时将纹理各异的材料投放到教室的地板上，让婴幼儿感受材料的多样性和趣味性。尝试用强力胶带把粗麻布、棉布，甚至是相纸黏性的一面朝上固定成方形，让婴幼儿查看。用干净的相纸把婴幼儿家人及其朋友们的照片展现在光滑的地板上，婴幼儿会特别喜欢触碰这些照片。

给婴幼儿提供低矮的、结实的架子，他们可以爬到架子上面玩，还能爬行穿过架子。提供一些有趣的事物，让婴幼儿观看并朝它们前进，比如，安全牢固的镜子、艺术品、开放的空间、植物、窗户、照片和悬挂物。提供可供婴幼儿抓握的安全物品，如：用袜子、毛线、布料或柳条制作而成的

手抓球；漂亮的手帕和小围巾；海绵；轻便的厨房玩具；软积木；还有彩灯。提供玩具、图书和其他材料让婴幼儿去探索。在户外活动中，婴幼儿喜欢探究小草、人行道、垫子、毯子、沙子和泥土的质地及纹理。可以创设户外遮光区，同时提供图书、毯子和玩具让婴幼儿探索。

学步儿随时随地想要直立行走。这种想要直立行走的欲望非常强烈，以至于父母有时候会发现他们的学步儿宝宝在睡觉时抓住床的围栏想要站立起来。学步儿沉迷于练习走路这项新技能，但这项技能还在发展中，因此要为他们提供柔软的地毯作为安全的行走场地。还可以铺上柔软且带有吸引人的纹理的地毯和地垫，在不绊倒婴幼儿的情况下将地毯和地垫随意摆放。给学步儿一个大枕头，让他们尽情玩耍。

创设宽敞、视线清晰的通道便于婴幼儿在兴趣区和他们感兴趣的事物之间来回穿梭和不断探索，婴幼儿感兴趣的事物有安全牢固的镜子、艺术品、植物、窗户、照片和风筝等。小枕头和积木可以吸引学步儿提起和搬运，这是学步儿最喜欢的两项活动。透明的容器可以让学步儿选择自己想要探索的东西，并开始通过一个将玩具正确地放在材料箱中的游戏来参与整理活动。在低矮、结实的架子上贴上清晰的标签，婴幼儿能够很方便地取放收纳箱里的玩具、图书和其他材料。

学步儿喜欢他们能够携带的物品，如书包、盒子和钱包，他们也喜欢把手镯、项链或积木等物品放在里面。他们喜欢待在能将自己的身体包裹起来的舒适地方。低矮、结实的架子提供了安全的区域，可以让学步儿摆弄和探索可爱的物件儿。为学步儿提供他们能够得着的储物柜和置物架，这样他们就能自己穿衣服和鞋子，完成自我服务的工作。

提供台阶和坡道，可以帮助学步儿练习攀爬和平衡。在室内提供推拉玩具和可以骑在上面同时双脚自然触地的玩具。在尿布台、厕所和水池合适的位置提供结实的台阶以支持学步儿发展自我服务能力。在户外，设置日光区、遮阳区、沙土区、车道、植物区、感知游戏区和艺术探索区，并

投放可供操作的开放性材料。

2 岁学步儿的社会交往、语言、运动和自理能力正处于快速发展时期。他们需要清楚地知道班级里可以独自游戏或与其他小朋友一起游戏的有趣区域和舒适的区域。为学步儿提供有标识的架子和收纳盒，有助于引导他们参与整理工作。提供易于取放的储物柜和置物架，可以支持学步儿自己穿衣和穿鞋。

提供有趣的事物供学步儿探索不同的视角，如安全牢固的镜子、艺术品、开放的活动区、植物、窗户、照片、帐篷和阁楼。提供可以攀爬的设施，如台阶和滑梯；提供推拉玩具，如手推式购物车、娃娃推车、轮子类玩具；提供骑行玩具，如脚踏车和三轮车。提供围巾、丝带、降落伞、开放性材料、披风、艺术材料、积木、娃娃、汽车和斜坡，让学步儿去探索。

添加一些柔软且带有吸引人的纹理的地毯和地垫，在不绊倒幼儿的情况下可以将其随意摆放。在户外，设置日光区、遮阳区、沙土区、车道、植物区、感官游戏区和艺术区，并投放开放性材料。

家具

儿童尺寸的家具可以为婴幼儿带来成就感，因为他们在积极参与班级活动的同时能够独立地自我帮助。提供一些高度不同的椅子，这样每个孩子都可以坐在椅子上，同时双脚自然触地。为爬行的婴幼儿提供高度适宜、能够自己坐上去的餐椅，从而让照护者有更多的时间准备食物，并及时回应每个婴幼儿发出的饥饿信号。家庭式的用餐时间有助于照护者了解每个婴幼儿的偏好和进食习惯。在丰富的感官活动中，社会交往和人际关系可以帮助婴幼儿感受到连接感，觉得自己被关注和精心呵护。

低矮、坚固的架子有助于刚学会移动的婴幼儿练习站立和沿架子边缘行走。在低矮的阁楼里增加的坡道、平台和栏杆可以给学步儿带来新的挑战，他们可以在这里练习攀爬和行走。

对婴幼儿来说，换尿布的过程应该是愉快的，是照护者与婴幼儿一对一交流和建立联系的好机会，同时也是双方协调合作和获得成就感的好时机。对于小婴儿，准备的尿布台台面下沉或周围有遮挡，可以防止他们在换尿布的过程中翻身或从台面上滚下来。对稍微大一点的孩子来说，可以提供一个带活动台阶的尿布台，使用时锁定台阶，不使用时将活动台阶安全方便地推进柜体里，同时也为孩子积极主动地进行自我服务创造了机会。照护者（以及班里进行其他工作的照护者）不用多次反复将大宝宝们抱上尿布台之后再抱下来，这令人欣慰。壁挂式的尿布柜用于储放更多的尿布、擦拭巾、干净的衣服和其他必需品，照护者随手取放近在咫尺的物品，可以提高更换尿布的效率。可拆卸的无缝隔尿垫更容易消毒。教师们提出，在尿布台上放置一次性卷纸，有助于在换尿布的间歇更快地进行清洁和消毒。

在混龄班里，可以使用架子、屏风等设备为不会移动的婴儿创设一个安全的探索空间，让他们不会被“忙碌”的学步儿撞到。安装透明的门板和镂空的架子，可以让婴儿和学步儿在班级的不同区域里互动。在架子的背面和门板上安装的牢固的镜子，可以在教室里反射光线，为儿童玩光影游戏提供契机。

邀请对话

高质量照护的一项非常重要的指标是师幼互动的质量。照护者的声音不应该主导整个班级，即便在小婴儿班，师幼之间也应该相互平等地交流和倾听。我们在与婴幼儿说话时，时不时地停顿下来是为了让他们能够做出反应。婴儿通过发出与他们经常听到的词汇长度相近的声音来练习说话。很快，他们就知道在与他人的咿呀对话中要等待多久，之后他们会停下来再听一遍。如果你没有在婴幼儿预期的时间内给予回应，他们会明显地感到沮丧。当他们想要停止对话稍作休息时，会通过做出转头和慢慢眨眼或打呵欠的动作来让你知道。我偶尔会观察到婴儿给出的这些信号，但很多成人完全忽略了这些，他们会把婴儿的脸转回来继续和他们玩。婴儿可能会因为疲劳和沮丧而开始哭泣，而成人因为错过了这些信号而对婴儿的哭泣感到不知所措。

当你和婴儿互动时，一定要告诉他你下一步打算做什么，这样他就能把你说的这些词和它们的意思联系起来。例如，当你准备给婴儿换尿布时，千万不要从后面突然把他抱起来。想象一下，你正高兴地在地板上玩耍，突然有个人在毫无预兆的情况下从后面把你抱起来，你腾空而起，被举起来放到房间的另一边，那将“有惊无喜”！相反，你应该从婴儿的前面走到他身边，像这样说：“阿尔卡，我知道你玩那个球很开心，现在该换尿布了，你想把球带走吗？我来抱你，带你去尿布更换区。我们走吧！”

吃饭、睡觉和换尿布的活动应当按照婴幼儿的需求进行，而不是为其设定固定的时间表。鼓励婴幼儿在困倦时入睡，当他们有饥饿的迹象时给他们喂食，并以尊重和呵护的方式帮助他们快速更换尿布，让他们感受到这个世界是值得信任的。观察你正在照顾的婴儿，并学会识别他们发出的信号，对你观察到的内容进行评论。例如，说：“海迪，我看到你在揉眼睛，你想要睡觉吗？我觉得你可能需要睡一小会儿。你想要你的小玩偶吗？”或者说：“德里克，我听到你在大叫，你是饿了吗？我想你一定是玩了太久了，让我们去吃点东西吧。”或者说：“马克，你的尿布好像满了，我们去尿布台帮你清理一下吧。”

婴儿和学步儿的教室有着天壤之别。换尿布、记录并检查尿布、进餐、清洁和消毒，这些工作很容易让人心力交瘁。家长的特定要求和托育机构的各项工作层层叠加，确实会让照护者筋疲力尽。但是我们的责任重大，看上去好像每一次换尿布或每一次与婴幼儿的互动都是我们单向发起的，

实际上我们是在塑造婴幼儿的大脑！我们正在教婴幼儿，世界是一个可预测的地方，他们可以相信某些事情将以他们预期的方式发生。每一次我们逗得婴幼儿大笑、微笑，或者让他们感到安全时，都是在强化他们的神经通路。大脑是一个需要经常使用的器官，也就是说，婴幼儿和成人越频繁地使用大脑，他们的大脑就会变得越高效。反之亦然，我们越少思考，大脑的神经通路就会越脆弱。支持性的环境能够通过提供感官探究的机会、培养婴幼儿与生俱来的好奇心、保障婴幼儿安全和健康来强化婴幼儿神奇的能力。

第二章

环境指导

高质量照护环境在婴幼儿获取学习经验的过程中发挥着重要作用。环境中的色彩、声音、气味、家具的摆放、采光和纹理都会影响班级里人们的行为和互动。在早期教育专业人员不断寻求更有效的方法帮助婴幼儿学习新信息时，我们也在不同的场景中通过计划实践活动来帮助婴幼儿获取新知识，练习新技能，应用多种想法。

生活环境和习惯

生活环境是生物体或生物群落生活和居住的地方。生活环境包含周围环境中的生物环境和非生物环境两部分。婴幼儿所在班级的生活环境也由这两个部分组成，其中婴儿、学步儿、教职工及家长，甚至是班里饲养的宠物、操场上的小虫子和松鼠以及室内外的乔木、灌木和花园等都属于班级生物环境的一部分。家具、地毯、墙壁、玩具、材料和设备属于班级生活环境中的非生物环境。在课程实施的每一天中，班级生活环境可以安静有序或是嘈杂混乱。当班级生活环境安静祥和并提供有趣的活动时，婴幼儿和教师们就能享受在这里度过的快乐时光，学习将更加高效。在这种环境里，人们感觉更舒适，很少有压力，会更集中精力进行学习。

习惯是指习得的重复行为。为了创设祥和有序的环境，我们需要培养婴幼儿养成好习惯。环境会影响人们的行为和习惯，影响教师的期待、适宜性课程，也会影响婴幼儿的人格和情绪。为了计划有效的课程，我们需要思考以下问题：

- 儿童在这里会做什么？
- 我们应该提供什么样的材料让儿童有事可做？
- 我们如何帮助儿童学习与人友好相处和相互尊重？

有意识的环境规划就像“班级里会说话的教师”，精心设计的环境与经过深思熟虑而实施的课程相结合，会让环境中的人们进行深度学习并享受其中的乐趣。

想一想人类的生活环境

- “生活环境”这个词让你想到了什么？
- 在一张纸上，为儿童画出理想的生活环境。

有吸引力、好玩有趣、引人入胜的环境

有吸引力、好玩有趣、引人入胜[①]，这三个词语可能一开始听上去非常相似，但当你深入思考就会发现每一个词都是

① 英文分别是 inviting、interesting、intriguing，简称 3I。——译者注

不一样的。我们能吸引婴幼儿关注一个事物，然后帮助他更多地了解这个事物。我们可以通过抓住婴幼儿的兴趣使物品更有吸引力，之后通过创造神秘感和复杂性来激发婴幼儿的好奇心。你如果与婴幼儿相处过，就会知道婴幼儿试图弄清楚重复同一个动作是否每次都会导致同样的反应。为了让婴幼儿深度参与而制订计划，可以帮助婴幼儿更多地参与他们感兴趣的班级活动。当婴幼儿以有意义的方式参与班级活动时，他们很少烦躁，也会感到更加快乐。专注于学习的婴幼儿将用更加平和的方式与他人互动。

如果想让我们的环境吸引人，让家长和教职工感受到宾至如归的感觉，我们就需要规划空间以迎接他们的到来。如果想让环境好玩有趣，我们就需要投放能够激发婴幼儿进一步探索的材料。如果想让班级环境变得引人入胜，婴儿和学步儿能够跟随自己的好奇心，专注于活动，我们就需要提供多种选择以增加环境的复杂性并带来惊喜。有吸引力、好玩有趣、引人入胜这三个关键词，可以作为规划更吸引婴幼儿的班级环境指南。

我曾有幸参观美国阿肯萨斯大学的琼·泰森儿童发展研究中心（Jean Tyson Child Development Study Center）。他们在为婴幼儿和学前儿童提供保教的机构中堪称典范。高校大学生将这里作为教学实验室，同时它也为高校教师和研究生们提供服务。正如本章展示的照片所示，琼·泰森儿童发展研究中心是有吸引力、好玩有趣、引人入胜的绝佳范例。

有吸引力的环境创设

托育机构也可以应用有吸引力、好玩有趣、引人入胜的环境理念。一些高质量的托育机构被创办在新建的建筑里，这些建筑是根据即将参与该托育机构的儿童数量和儿童年龄来专门设计的。其他优质的托育机构是在已有几十年甚至上百年历史的建筑里创办的，最初设计的目的完全不同。

你一走近建筑，就会知道这个地方将会成为什么样子。想一想婴幼儿家长们来到托育机构时，这栋建筑的吸引力。如果显眼的指示牌上带有明确信息解释进入建筑的程序，使参访者知道他们应该做什么，那么指示牌就传达了欢迎的态度。如果新来的婴幼儿家长和参访者知道自己来对了地方并且了解自己接下来应该做什么，他们就会感觉更放松些。

参访者一走进托育机构，感官上立即就会接收到来自环境的各种信息。首先是嗅觉，托育机构的气味应该闻起来清新，而不是充满浓烈的消毒剂和空气清新剂的味道。请记住，很多儿童和成人都对空气清新剂和香水过敏。良好的通风，能够将新鲜空气和好闻的味道带到班级里。在厨房里准备食物或在教室里开展烘焙活动可以让整个托育机构充满诱人的气味。我在一些托育机构工作过，每周教职工都会烤面包或做爆米花，从而让整个托育机构都散发出令人舒适的香味。

入口处应该具有强烈的视觉吸引力，不能堆积杂物，既为了安全，也显得温馨好客。进入班级，人们自然而然地会被窗户里透射出的自然光吸引。如果条件有限，入口没有窗户，那么可以利用镜子、白板和瓷砖将光线反射到整个班级里。

入口处也应该具有听觉吸引力。地毯、吸声吊顶板、窗帘，甚至是薄薄的满铺地毯都能有效减弱班级里的回声。但也要注意，不要吸收太多的声音，那会让班级里更加沉闷，让人感觉不舒服。在选择时，我们需要在表面易于清洁的硬质材料和吸音的软质材料之间寻求平衡。

环境创设中的颜色很重要，它能影响人们的感觉和行为。很多人认为，年幼的儿童需要明亮的三原色，但这些颜色往往会让我们感到烦躁。例如，许多快餐店在餐厅里使用了红色、橘色和黄色，从而让人们快速流动起来而不是在那里停留很长时间。为了让儿童及其家人感到舒适，我们应该选择温暖、柔和的颜色。材料的纹理也会使入口处更加有吸引力，可以选择带有有趣纹理的地毯、花盆、艺术品和座椅。

生机勃勃的植物能够提升空气质量，营造平和的氛围。儿童还有机会通过浇水、移植和修剪学会细心照顾生物。如

果条件受限不能种植植物，那么提供人造植物，甚至是植物的图片也能起到平复情绪的作用。

在琼·泰森儿童中心，参访者可以坐在为儿童和成人准备的椅子上，阅读由图书馆和家长提供的绘本。自然光、舒适的家具和纺织品、植物使环境具有吸引力。环境的布置会传达托育机构的教育理念。

好玩有趣的环境创设

托育机构的入口处是吸引儿童的兴趣，邀请家长进入的好地方。当然，这里也要按照要求设置展示法规文件的公告板、签到区和接待处。在入口处可以适当增加座椅，让家长能够更为舒适地整理自己的背包、便鞋和外套。我曾经在一所学校工作，学校入口处有一个又大又漂亮的水族箱，其中宁静的声音和运动为入口处增色不少。但是，这里需要一位热情的工作人员，提供水箱维护的付费服务。我参观过一家托育机构，其入口处有很多沙子，沙子上面有一座儿童在海滩玩耍的青铜雕塑。孩子们每天一走进托育机构就会冲到沙盘桌前，用手把沙子抓起来，感受沙子从指缝中溜走的快乐。捐赠沙盘桌和雕塑的家庭最初是想建造一个喷泉，但未被许可，因此有了这样一个美好的协商方案。另外一家托育机构的沙盘桌就像咖啡桌一样，周围摆放着舒适的椅子，营造出可爱又温馨的客厅式居家空间。每次进入托育机构的时候，家长在桌子前登记，孩子们玩耍几分钟。对那些不愿意让家人离开的孩子来说，这也是延长晨间过渡时间的一种好方法。也可以在入口处放置一块带有可拆卸粘贴的法兰绒板，当家长签到时，孩子们可以与它互动，一个好玩有趣的晨间常规活动就产生了。另外一家托育机构创设了咖啡站，让家长们每天早晨从托育机构的大楼出来时都可以过来看看。家长们不需要去咖啡店排队等候，节省了时间和金钱，还能用几分钟与其他家长和前台工作人员建立联系。

引人入胜的环境创设

公共区域是托育机构供多个小组共同使用的空间。我们可以为所有的儿童，包括年龄最小的学习者，创造深度参与的机会，在公共区域里开展活动吸引儿童的注意力，让他们有更多的了解。每家托育机构的公共区域都有自己的特点，有些机构在教室之间设置宽敞的走廊，作为公共学习区域，可供周围的所有班级使用。我参观过的一家托育机构用投影机循环播放自然环境的视频，里面有落叶、溪流、雨雪，在学步儿与丰富的视觉图像进行互动的过程中，自然地为他们创造了一个神奇的想象空间。

教室之间的公共区域能够为很多不适合在教室里开展的游戏活动提供大的场地。比如，在玩小商店游戏时，孩子们可以在购物中心玩商店里的道具，如空的食品盒和购物车。把天然黏土放在矮桌上，孩子们可以用它做一个雕塑，或者只是按压黏土。为了确保公共区域对于最年幼的游戏者是安全的，一定要检查并消除可能造成婴幼儿窒息危险的因素。确保没有任何不稳固的东西会掉下来，或者被学步儿拉倒。还要确保电源插座带有安全盖或被设置在婴幼儿绝对触碰不到的位置。

户外公共区域的差异很大。我曾经参观过一些托育机构，那里的操场干净整洁，看起来就像绿荫荫的城市公园或

祖父母家的后院。我最近参观了一家托育机构，它的操场位于购物街的角落，由四个停车位组成。专业人员每天都在停车场内设置游戏场地，将所有必需的游戏设备搬运出来，使其满足许可证的规定。一天结束的时候，他们又把所有的东西收拾起来。

3 岁以下婴幼儿的皮肤比成人的更薄、更敏感，所以户外空间需要有一定的遮阳区域。户外空间需要设置围栏或屏障用以明确区域，并有助于教师进行视觉监管。沙滩毯非常适合不会爬行的婴儿和想要放松以及看云朵、看书的学步

儿使用。为了吸引学步儿，可以提供带轮子的玩具，他们可以推拉或骑着玩儿。孩子们特别喜欢铲倒沙子和水，所以要专门创设一个让孩子们与这些材料互动的区域，比如玩沙区或玩水区。他们喜欢用真正的汤锅、平底锅和勺子假装做饭，所以厨房区域能够吸引他们的注意。提供袋子或钱包，孩子们很喜欢从袋子或钱包里重复取放小物件。2 岁的孩子喜欢将收集到的树枝和橡子放在桶里，玩沙土玩具和小汽车，还假装在“泥巴厨房”里工作。这些活动材料会让孩子们着迷。

琼·泰森儿童中心室内外都提供了公共区域，包括操场、花园、室内体育馆、创意区，以及带有婴幼儿角落的图书馆。公共图书馆里的书展示在儿童视线齐平的高度，还提

供了舒适的座椅吸引孩子们去翻阅图书。作为研究生科研项目的一部分，该图书馆与当地公共图书馆建立了社区合作伙伴关系。

当天气不太好的时候，室内体育馆是孩子们游戏的绝佳场所。体育馆里低矮的滑梯和台阶对进行大肌肉活动的学步儿来说是安全的。

在公共创意区，光线透过彩色水瓶照射进来，舒适的角落里，孩子们可以恣意地依偎在柔软的枕头上。

户外游戏空间提供了经典的游戏区，如玩沙区、结实的秋千和游戏小屋。

户外游戏空间还提供了一个引人入胜的花园。花园不需要太大的空间，只需要提供一些安全、有趣的植物和吸引孩子们探索的布局。用岩石、树木切片以及其他植物都可以铺设出诱人的花园小径。在炎热的天气里，爬满植物的绿色隧道比周围的花园要低 5℃左右。喂鸟器、供鸟嬉戏的水盆和鲜花吸引蝴蝶、小鸟和松鼠过来。用几把椅子可以摆成一个舒适的聊天区。建造的小桥可以用来做故事道具或舞台发挥它的游戏潜能。小矮人和仙女的故事能够为游戏增添一抹奇思妙想。

自带储水功能的花盆，能够为孩子们在户外给植物浇水时提供帮助。竹制的风铃发出舒缓的声音，木托盘里的金属工具，吸引孩子们进行敲击乐器的探究活动。

有吸引力、好玩有趣、引人入胜的班级

每个班级都可以变得更具吸引力、好玩有趣和引人入胜。无论你是在重新规划班级环境，还是在托育机构创设一个全新的环境，所有工作都要从物质空间的创设开始。可以把一间空教室想象成由墙面、地板和天花板构成，充满了无限创意潜能的盒子。

全美幼教协会（National Association for the Education of Young Children，NAEYC）建议，每个儿童的室内有效使用面积至少 3.3 平方米，室外有效使用面积至少 7.0 平方米。一些美国机构和欧洲国家建议，每个儿童的室内有效使用面积应为 4.2~4.6 平方米。美国各州儿童托育许可机构对面积的要求各不相同。根据我的经验，提供给儿童的有效使用面积要超过最低标准，也就是说有效使用面积越充足，儿童的情绪会更平静，他们将更能专注地进行游戏活动，教师和儿童也不会有太多的压力。法国的一项研究（Legendre，1995）发现，为每个儿童提供大约 5.0 平方米的面积，可以最大限度地减少儿童之间的冲突，促进儿童积极地互动，从而降低儿童的应激激素水平。寻找和利用可用空间对教师来说是很有挑战性的，只要教师随时观察和倾听儿童，也许那个可用空间就和门外的走廊一样近在咫尺。

婴幼儿教师和年幼儿童的大部分时间都在教室里度过。我们需要有目的地规划班级，把它变成成人和儿童都期待在此度过一天的地方。

有吸引力的班级

我们需要思考，班级里人们的需求是什么。可以提供宽敞的通道，便于各个游戏区里的儿童相互活动，也要考虑有特殊需求的人们。例如，宽敞的门口要便于轮椅通过，也要能让婴儿车和四轮推车更容易进入。

从窗户或天窗透进来的自然光会给我们一种幸福的感觉。如果教室有窗户，就让光线照射进来，让孩子们多看看室外的景色。三原色有时会让人眼花缭乱，教室里尽量不要使用明亮的颜色，但可以在孩子们的作品中更多地呈现这些亮色。在墙面上涂抹柔和、自然的颜色。在墙壁和地毯上提供光滑、有软垫、柔软和凹凸不平的纹理材料，而不是呈现鲜艳的主辅色调。

通用设计

为所有人进行设计，包括有特殊需求的人，会使每个人都从中受益。

按照物品的功能进行存储，减少杂乱无章，并根据课程和学习单元的进度，及时更换书籍和材料。用引人注目的方式将各种材料展示在低矮的架子上，让儿童或成人易于取放。还可以用架子把教室划分成指定的游戏区。

为儿童提供适宜高度的桌椅。当儿童在桌椅上吃饭或工作时，双脚应当自然地接触地面。这样还有一个好处，那就是给予儿童独立做事的机会，例如，学步儿完成自己的事后可以自己站起来，而不是等成人把他们从高脚椅上抱下来。也要为教室里所有的成人提供舒适的座位，包括用于阅读的吊椅和摇椅，以及和儿童游戏时用来支撑照护者背部的低矮座椅。

好玩有趣的班级

当你以儿童的视线水平看这些玩具和材料时，会发现与成人视线水平看到的有所不同。因此，要站在儿童的视角去理解他们的想法，从他们的视角去看看事物是怎样的。

婴儿和学步儿都喜欢将自己的身体塞进空空的架子里或其他舒适的地方。他们也喜欢观察什么样的东西能被装进袋子、钱包、盒子这些容器里。

儿童喜欢研究有生命的物体。照看它们能增强儿童的责任感和同理心。有些托育机构允许儿童将宠物带进教室里；还有的机构将小动物放置在中心区域，或是户外的空地里，供所有班级参观。在可能的情况下，植物、鱼或其他宠物是可以带进来的。

好玩有趣的教室会给婴幼儿提供大量艺术创作的机会。学步儿会被马克笔、蜡笔和粗粉笔吸引。我们可以把大大的纸张贴在地板上、操场的围栏上或者贴满整个桌面，让儿童自己动手涂鸦。我认识的一位教师，她有时候会把纸贴在桌子的下面，让 2 岁的孩子仰卧着，从一个全新的视角去触碰和认识色彩。儿童也很喜欢天然黏土、自制面团、无毒颜料、泡泡画和小版画。

琼·泰森儿童中心提供了低成本和免费的开放性材料，孩子们可以在班里开放的艺术探索活动中使用它们。中心里

的一些材料是由家庭和社区里的企业捐赠的，婴幼儿喜欢研究这些纹理和质地不同的材料。

当然，中心为婴幼儿提供干净的物品让他们能够安全地探索，这些物品要足够大，不会对婴幼儿造成窒息危险，举例如下：

- 空盒子
- 美术纸
- 蓝图
- 餐厅的外卖盒
- 报纸
- 盖子
- 松果
- 丝带
- 泡沫塑料
- 纸袋
- 纱线
- 毛条玩具
- 棉纸
- 卷筒芯
- 面料样品或边角料
- 新的或消过毒的鸡蛋盒
- 包装纸
- 杂志
- 杯子
- 粗线
- 大珠子
- 空易拉罐（没有尖锐边角）
- 卷轴
- 大块拼图
- 燕麦片罐子
- 大绒球
- 尺子

当物品摆放有序且方便取用时，教师更可能使用开放性材料，重复利用艺术材料。琼·泰森儿童中心将开放性材料放在储藏室里。每个月指定专职人员或班级整理存储空间都是个不错的方法，不然，就像是被忽略的公告板一样，储藏室很快就会变得杂乱无章，没有用处。

不是每一间教室都能快速便捷地通向户外，但让孩子们每天都在户外游戏是有价值的。在天气允许的情况下，

每天花一些时间在户外活动，对婴幼儿及其教师的身体和情感大有益处。在天气太热或太冷的日子里，成人和婴幼儿也需要离开教室休息一下。可以把全班儿童聚在一起，或者把孩子们分成几个小组放在户外推车上，带他们在走廊或建筑物周围散散步，或者带他们到机构的各个区域玩一玩。

琼·泰森儿童中心为每间班级都配有一个露台，孩子们可以在那里游戏，呼吸新鲜空气。这样的安排方便婴幼儿在室内外开展活动，有利于婴幼儿与周围邻里建立美好的联系。孩子们可以在露台上向下方人行道上的行人挥手打招呼，看着汽车和卡车从路上驶过，他们还可以观察不同季节的植物。

引人入胜的班级

好的设计能够使教师发挥作用，给人带来美感，令人着迷。教室里的天花板就像一面“多出来的墙”，非常适合悬挂美丽的艺术品或自然物品。如果你所在地区的机构许可规定允许，那么可以用带有磁力边缘的纺织布包裹在日光灯上或者在日光灯上覆盖带有云朵、树冠、海洋、动物或其他自然风景的透光照片。把灯放置在婴儿床或尿布台的上方，对孩子来说，特别有吸引力，就像天花板上放了一张光桌，光线从周围的反射面上反射出来。

颜色、纹理和形状都能吸引儿童的注意，促使他们去探索。颜色多样的边角布料和其他开放性材料，如小块瓷砖、盖子和石头，都会激发儿童去探索和想象它们的新用途。家具、材料甚至是走廊里自然物的形状都会吸引我们，让我们感到舒适和放松。凸凹不平的、光滑的、粗糙的、柔软的质地将吸引儿童去探索。所有的一切都吸引着你的眼球，但也不要忘记，要有留白区域让儿童的眼睛得到舒缓和放松。

在琼·泰森儿童中心，丰富的自然光、凸起的平台、各种各样的纹理，还有镜子，让教室变得极具吸引力。天花板的魅力在于展示头顶上的艺术和美丽。摆放真实的植物和仿真的植物都能让人感到平静，还能在室内外环境之间建立联系。

舒适的角落非常具有吸引力，总能吸引你和朋友依偎在一起阅读最喜欢的书，或者只是享受一段安静的时光。

厨房游戏区以及帽子、丝带和围巾吸引孩子们玩假装游戏。

物品的展示引人入胜，如可拆卸的木质转盘、纹理墙、带有亮片的美人鱼布偶、窗户上的棱镜以及感官探索桌上的开放性材料，无时无刻不在吸引着儿童去探索。

深度参与：更进一步的探索

- 在你的教室里，蹲下来以孩子的高度环顾四周，看看什么令你着迷？哪些东西会立即吸引你的眼球？什么吸引了你？
- 现在，再看得深入些，什么是生动有趣的？哪些东西让你想要更深入地了解？
- 什么是引人入胜的？你的真实想法是什么？是什么让你想尝试一个新想法，看看会发生什么？
- 列出描绘你所在班级环境的词汇清单。
- 你看到了什么？听到了什么？感觉怎么样？闻起来呢？
- 如果你能做些什么来改善班级环境，你会做出哪些改变？

第三章

适龄的环境

适龄的环境能够满足环境中人们的各种需求。3 岁以下的婴幼儿需要呵护其成长的、安全的环境，这样的环境能够促进其发展、学习和成长。这一时期，儿童确实成长得非常快，他们的需求也会随着技能的增多和能力的增强而发生变化，因此，环境必须随着孩子们的变化而变化。

按年龄分班

许多为我们“最年幼的公民”提供服务的托育机构所面临的核心问题是如何最优化地组建班级。在集体照护中，婴幼儿的年龄不同，班级创设的要求也相应不同。全美幼教协会对不同年龄班的班级规模和师幼比做出规定。当照护者、儿童及其家长相处的时间越长，他们之间的关系就会变得越牢固。儿童在学校里度过一天、几个月或是几年的时间里，最大限度地减少人员流动，稳定的教育者与儿童建立起来的依恋关系会更牢固，儿童的压力也会更小。

混龄班

在持续性照护模式中，几个不同年龄的儿童被分在一组，他们在一起的时间较长，类似于许多家庭式托育机构的混龄小组。对于很多预算有限的托育机构，采用这种模式会遇到的挑战就是每间教室的成本耗费更高。小组的规模越小，其成本越高，因为需要更多的教职工来维持师幼比。比如，一个班里有 4 名婴儿和 5 名学步儿就需要配备 3 名教师。

解决持续性照护和班额问题的一个可行的方法是“教师跟班走”。教师跟班走是指把照护婴幼儿的教师固定下来，陪伴班级里的婴幼儿一起成长。这是延长班级里每一名婴幼儿与他们已经熟悉和喜爱的教师的相处时间的一种方式。跟班走的教师会带着同一班婴幼儿从一间教室换到另一间教

室。班级里的婴幼儿可能会从一个有围栏婴儿床和高脚凳的教室搬到一个有儿童床和餐桌的教室。

小婴儿班

儿童保育条例通常把大约 6 周到能够爬行的 6—10 个月大的婴儿定义为小婴儿，这一时期的婴儿还不能自由行动，一些托育机构专门为这一月龄阶段的孩子开设了小婴儿班或混龄班。小婴儿们需要适宜的家具、细心的呵护、回应性照料以及有趣的物品让他们能够安全地探索。

为了保证安全，当小婴儿们在地面上玩耍时，我们需要用架子、矮屏风或者栅栏把不同年龄段的孩子隔开，以防止正在爬行的婴儿和正在走路的学步儿不小心撞到他们，学步儿会好奇地抓小婴儿的脸或头发，或拿走他们的安抚奶嘴或玩具。小婴儿会根据自己的生物钟睡觉，带门的房间有助于创设安静的睡眠环境，将婴儿床设置在房间里最安静的地方，这样小婴儿们睡觉时就不会受到打扰。当然，教师必须在婴儿睡觉时通过看一看和听一听的方式看护他们。

我们曾经认为小婴儿的反应能力不是很灵敏，他们只需要吃东西和换尿布，现在我们知道胎儿在子宫里已经开始了学习。对小婴儿来说，教师和家长是他们最好的“玩具”。通过对小婴儿的表情和声音进行回应，我们会让他们知道这个世界是值得信赖的。在小婴儿哭闹的时候及时回应，在小婴儿饥饿的时候及时喂食，快速地更换尿布，在小婴儿疲乏的时候哄他们入睡，我们正在让小婴儿知道他们的需求是会得到及时满足的。回应性照护能帮助婴儿建立信任感以及适应未来生活的能力。

2—4 个月大的小婴儿会发现第一个玩具：自己的小手。当他们开始伸手抓够新鲜事物开启奇妙的探索之旅时，会感受到手的神奇魅力。可以在小婴儿能够熟练地使用自己的

手时，给他们提供稍微有重量感的玩具，如拨浪鼓。不要太早提供这些玩具，小婴儿的手部力量不够，握不稳的时候就会把拨浪鼓或其他玩具砸到自己的脸上。可以为不会移动的小婴儿提供可供探索的安全物品，如小型填充动物玩具、围巾、手帕以及布块或柳条球等。这一时期的小婴儿还喜欢松软的地毯、柔软的地垫、不易碎的镜子和黑白图案，喜欢看人脸、大纸板书，玩软积木和里面带有漂浮玩具的拍水垫。他们喜欢拥抱，也喜欢玩重复性游戏，比如，和值得信赖的成人来来回回地做鬼脸并发出声音。

行动儿班

一旦婴儿能够快速移动和爬行，他们就打开了认识全新、有趣的世界的大门。6—10个月至12—14个月通常被定义为儿童开始走路的年龄。这时的婴儿更喜欢被竖着抱，他们会弯曲膝盖不停地进行弹跳，从而锻炼腿部肌肉。行动期的婴儿喜欢坐着和被人拉起来。他们还需要趴在地板上不断练习，以增强手臂和核心肌肉的力量，这样他们就可以向上推，开始体验爬行的过程。婴儿有很多移动的方式，有的婴儿像突击队员一样在地上翻滚或蠕动，有的婴儿坐着往前快速移动，还有一些婴儿完全不动。

这时的婴儿对一切事物都充满好奇，会将身体自然而然地靠近吸引他们的所有东西。例如，他们被灯光和手机里有趣的颜色吸引，喜欢对其他婴儿又看又摸。这正是教会他们用温柔的方式与朋友进行肢体接触的好时机。我们每天都需要检查婴儿可能活动的所有范围是否有潜在的危险，当然这个空间范围正在不断扩大。我侄女把这个区域称为“婴儿警戒线”。我们必须认识到，婴儿可接触到潜在危险物的活动范围正在不断变化。要确保插座不使用时盖好安全盖，使用后更换盖子。要包裹家具和橱柜上尖锐的角，确保桌子和椅子足够坚固，以至于行动期的婴儿拉桌椅时它们不会翻倒。

只提供无毒的美术用品，并将清洁用具放在婴幼儿够不到的地方。提醒教职工和家长把钱包、背包和尿布袋放在婴幼儿够不到的地方。

学步儿班

人们对学步儿的界定并不一致，通常将 1 岁有时也把 2 岁儿童称为学步儿。当婴儿不想躺着总是想要被拉起来并沿着家具边沿来回踱步，开始独自迈出人生第一步的时候，

我们认为他已经进入学步儿阶段。婴幼儿通常在 9—15 个月大的时候开始行走。这种全新的自由体验给婴幼儿的行为带来诸多变化。学步儿迫切地想要练习行走，哪怕在进餐时也不会放慢速度，匆忙吃完后继续练习。我们需要为学步儿的“行走之旅”创设大量的安全空间以及他们感兴趣的活动区。学步儿很快就会尝试跑步、试探性地爬台阶和侧身行走。他们乐于尝试新的挑战并克服行走道路上的一切障碍。

2 岁儿童班

2 岁的孩子一点也不可怕。他们富有冒险精神和趣味性，是我们身边最有趣的人。他们生气时很快就会忘记，因为他们很容易被自己还没有尝试过的新事物吸引，忘记愤怒或沮丧。

可以为 2 岁学步儿班级配备光盘播放器或智能音箱，用来播放并回放他们喜欢的舞曲和儿歌。将活动安排在柔软舒适的区域，他们可以在这里和小伙伴们进行小组游戏。天花板上悬挂的艺术品和自然物将使教室更适宜于婴幼儿。因为他们的身体正在快速生长，他们会不断地寻找机会检验自己的平衡能力和大肌肉运动能力。攀爬架、台阶和滑梯在室内外都非常受学步儿喜欢，有助于他们玩大肌肉游戏。很多

2 岁的学步儿喜欢推着装有娃娃的婴儿车和购物车游戏。这一时期，学步儿开始尝试用斗篷和服饰扮演角色，他们会使用一切可用的道具模仿自己看到的成人活动，尤其喜欢模仿成人做饭和打扫卫生。他们可能会拿积木当化妆品，用硬纸管假装吸尘器。他们的教室里需要很多架子用于放置各类美术用品、开放性材料、积木、玩具火车和汽车、球、坡道以及图书。2 岁的学步儿喜欢在适宜高度的画架上绘画，喜欢在感官探索桌上玩沙和水。他们的教室需要一个单独的小隔间来存放外套、鞋子、书包和背包。尿布台旁边的台阶对这一年龄的孩子特别有用，他们可以自己爬上台阶，从而减轻照护者的背部负担。我们需要为 2 岁的学步儿班提供便于他们使用的卫生间，以便在出现突发情况时他们能够快速如厕。在一日生活中，照护者需要鼓励学步儿自己穿衣、穿鞋袜，给予他们生活自理的机会，发展他们的独立性。

理解创新理念，弄清楚要做什么和不做什么的极佳方法之一就是去参观其他托育机构的教室，与其教师和管理者交流。大量各种各样的托育机构都是可以接触的，每家托育机构都有自己的理念、目标和定位，因此教室的创设如雪花一样是独一无二的。尽管每家托育机构的样态和功能不同，但大多数托育机构有着共同的目标：

- 希望为教职工和所服务的家庭提供最好的体验

✧ 希望年幼的儿童能够学习和健康成长

✧ 希望儿童安全、快乐

对比具有不同目标和局限性的高质量托育机构，我们会发现，大家对“卓越”的定义各不相同。即便有一个完美的放之四海而皆准的计划，它也不一定能够满足每个孩子和家庭的需求或喜好。每家托育机构都应当不断努力，持续改进：从现在开始，成为最好的自己。

◆ ◆ ◆

婴幼儿喜欢按照自己的节奏行走、爬行、翻滚，在班级中的某些时间，他们想要同时做同样的事情。思考一下每天在你班级里发生的一切——从计划好的课程到意想不到的惊喜。可以使用本书第七章的《一日作息表》与用于观察婴幼儿的活动和兴趣的表格，罗列出儿童和照护者每天都在做的活动，如下所示。

- 照护者的日常工作：清洁、准备食物、喂食、换尿布或如厕以及做好各项记录。
- 儿童的独自活动：婴儿的俯卧活动或地板爬行活动，

学步儿自由探索材料的活动，2 岁幼儿的假装游戏、艺术创作和各类探索活动。

- 儿童自选的小组活动：听故事和诗歌、唱歌、玩手指游戏和其他精细动作游戏、玩积木、探索开放性材料、假装游戏、参与大肌肉运动游戏、坐婴儿车或童车外出，或者外出散步。

1. 考虑把教室布置得更适合开展这些活动。
2. 制定一日活动流程，标记照护者和儿童参加上述活动的时间。
3. 检查一日常规，注意婴幼儿的小组活动和独自活动发生的频次。考虑每天做些改变，尽量减少过渡环节，让孩子们有更多的选择。

第四章

语言发展：促进交流的环境

语言技能包含听、说、读、写、看和视觉表征。年幼的儿童在充满话语声、音乐声的丰富言语环境中发展这些语言技能，静下心来消化并吸收语言信息。要给予儿童听故事、拿绘本、涂鸦、看照片和艺术品的机会。婴幼儿时期是人一生发展的关键期，是大脑为学习做好准备的时期，例如，5—17 岁是人类学习第二语言的最佳时期，此后仍然可以学习新的语言，但不能像母语那样发音地道（Hartshorne，Tenenbaum，& Pinker，2018）。

舒适区和图书区

“阳光下，在草丛中，住着一只老海龟妈妈和它的小海龟宝宝。”这是我小时候最喜欢的一个故事的开场白。我的家人说，我小时候会拿着《穿过那片绿油油的草地》（*Over in the Meadow*，Wadsworth，1962）这本书和我的哥哥们在房间里绕圈跑，请求他们一遍又一遍地读给我听，直到我记住故事里所有的词汇。我喜欢这本书，它有老式经典的水彩插图。我喜欢故事里词汇的押韵和数字由 1 数到 10 的呈现方式。我喜欢故事里每一位动物妈妈教它们的宝宝们新的生活技能时所开展的培育性课程。如今，我一直在看这个押韵故事书清晰、亮丽的新版本，但旧版的精装书中精美细致的图片和旧书气味像时光机一样瞬间把我带回了童年。为什么会这样？因为书籍不仅仅是印刷品，故事也不仅仅是文字，它是人们正在形成的回忆。

创设班级图书角吸引儿童来阅读这里的图书。婴幼儿教室都应该有故事角和班级图书馆。班级图书馆很重要，因为它们会提供一个舒适的空间，让一两个孩子依偎在一起共享一本书。有时，一群小朋友会聚集在这里一起看书。学步儿喜欢成群结队地去教室里任何可以活动的地方开始即兴的集体故事活动。在图书角，你需要提供数量充足的图书，可以给每个孩子提供 5~7 本书。需要注意的是，班级图书馆里的

图书也包含从托育机构资源配置室或公共图书馆临时借阅的书籍，还可以在这里提供有照片也有图画，故事文笔很好的科普类和虚构类的书籍，它们能让成人和儿童一遍又一遍地反复阅读。

给 3 岁以下儿童看的书必须结实耐用，可以选择乙烯基树脂封面的书、硬纸板书、塑料书或者布书。需要注意的是，这些书在使用前和使用期间必须消毒，选择的这些材质也便于消毒。因为年幼的儿童是用嘴巴探索书籍和玩具的，我们希望婴幼儿“细细品味书籍”。婴幼儿通过味觉和触觉等感官认识世界，通过用嘴巴探索玩具和书籍来获得味道和质地方面的信息，所以要为婴幼儿提供不会被他们的自然探索行为破坏的耐用的书籍。幸运的是，越来越多的图画书被制作得经久耐用。

图书角并非一定要固定在教室里的某一个角落里，在房间里婴幼儿能够触碰到的任何地方都可以提供图书，让他们随时翻看。在婴儿床旁边的摇椅附近放一大筐书，能够帮助婴幼儿安静下来小憩一会儿，这将是个舒适安静的美妙地方，伴随着温柔的阅读声，他们将慢慢进入梦乡。表演区里提供用于表演游戏的服装和道具，同时可以投放图画书，书中包含世界各地儿童的日常服饰以及在特定文化活动中的装扮。班级图书馆里的图书种类多样，能够体现班级和世界的多元化内容。图书、玩具和墙饰应当体现不同的年龄、大小、肤色、发质、性别角色和学习能力。关于不同类型餐馆的图书，可以与其职业服装搭配呈现，如一顶厨师帽、一条围裙和一盒用于假装制作比萨的毛毡屑道具。将道具和图书搭配呈现效果会更好，如投放《皮特是块比萨》(*Pete's A Pizza*，William Steig）或《皮特猫之完美比萨派对》(*Pete the Cat and the Perfect Pizza Party*，Kimberly & James Dean）这些图书。还可以在餐馆表演区提供服务员的围裙和菜单，配上餐具和餐桌，以及《给大家的点心》(*Dim Sum for Everyone*，Grace Lin）或《和爸妈去餐厅》[①]（*Froggy Eats Out*，Jonathan London）这类图书。可以在大肌肉运动中心提供鼓励大肌肉运动的图书，如《瑜伽卡片：适合亲子做的 50 个瑜伽活动》(*Yoga Pretzels: 50 Fun Yoga Activities for Kids & Grownups*，Tara Gruber）。瑜伽姿势的照片和瑜伽垫将促使儿童尝试。可以将带有闪亮装饰的舞蹈服装与以人类舞者或动物为主题的图书搭配投放，如桑德拉·博因顿的《谷仓舞蹈》(*Barnyard Dance*，Sandra Boynton）。儿童剧院、舞蹈工作室或较大孩子的父母可能愿意捐赠旧服装。

对婴幼儿来说，从家庭过渡到托育机构可能具有挑战性。可以考虑把班级里婴幼儿最喜欢阅读的图书放在靠近门

① 该书的中文简体版已由北京联合出版公司于 2015 年出版。——译者注

口的地方，父母会把孩子送到这里，孩子也在这里等待父母接他们回家。投放这些图书可以帮助婴幼儿在早上离开父母进入托育机构时轻松地融入班级一天的生活，在离开时分散婴幼儿焦急地等待家人的注意力。

你可以在班里的图书角投放一个儿童沙发或儿童椅，或者用垫子创设一个舒适的小空间。一个低矮的、开放式的陈列柜或者一个纸板盒都可以让图书角成为儿童最喜欢的舒适区域，在这里他们可以独享图书或与朋友一起看书。为了在感官上吸引儿童，可以在盒子两侧贴上带有诱人的纹理的材料，如一侧贴上毛茸茸的地毯或光滑有光泽的纺织布，另一

侧贴上质地粗糙的纺织布。让盒子的一侧和顶部打开，这样会看得更清晰。选用布料材质的桌布，在上面摆放一些干花或丝质仿制花，在地面上铺一小块地毯和摆放漂亮的靠垫，能让阅读角更具有吸引力。在欢快的氛围中展示儿童最喜欢的图书，热情地介绍新书。

讲故事的好处

当教师们在上字母课和数学课的时候，我曾听到他们说“现在我们开始真正的学习”，其实我们在教室里所做的一切，无论是有计划的还是计划外的活动，实际上都是在教学。儿童从周围发生的一切中获得学习。关于友谊和善良的课程与有关字母和数学的课程一样重要。儿童不需要坐着或盯着屏幕来学习，他们每时每刻都会从自己的所见、所闻和所做中学习。

当儿童积极参与学习时，他们能够更好地将自己的想法应用到新的场景中，学习会更深入。积极参与的活动包括歌唱、倾听、说话、做事甚至是观察他人。这些日常生活中的经历对儿童来说特别有意义。玩实物游戏有助于儿童在以后的阅读和写作时建立起对背景知识的理解。讲述一天中发生的事情可以帮助儿童记住发生过的事情，并进行有顺序的讲述，促进儿童口语表达能力的发展。像解说员一样讲述儿童的行为可以帮助儿童思考他们正在做的事情，如“瑞雯，你手里有块积木，你把它带到了厨房，你要把它放在哪里？你把积木放进玩具烤箱里，你准备好开始烤了吗？”我们需要给儿童更多的机会讲述自己的故事，甚至是在理解儿童所说的话之前。我们需要经常停顿下来，给儿童说话的时间，有时儿童会向我们展示他们在说什么，有时我们也不得不认真地猜测他们想说什么。

我们可以鼓励家长每天与儿童交谈，帮助他们从每天的交流中看到儿童的发展变化，以及交谈给儿童未来的学业所带来的价值。我们通过每日报告、班级网站或通讯报道的方式将儿童的班级活动内容呈现出来，例如，家长会询问我：“孩子们在感官区玩了什么？”如果我们给家长提供照片，他们就会更清晰地了解孩子们在托育机构每天做了什么。我们可以建议家长在家里开展非正式的故事讲述活动，为家长拓展儿童的语言技能提供一些思路。很多家长已经这样做了，但我们需要经常提醒他们，每天和孩子一起倾听、唱歌和说话是非常有价值的事情。每天参与这类活动，儿童将能够流畅且正确地进行言语表达，并在未来的学校学习中获得成功。

墙内外的世界

装饰你所在教室里的墙面。墙面很重要，装饰墙面不仅能够营造班级氛围，还能够给婴幼儿提供交流的话题。婴幼儿和成人一样都喜欢美丽的艺术印刷品和自然类悬挂物。在条件允许的情况下，从天花板上悬垂下来的织布可以让教室更适宜婴幼儿。织布和壁毯能够吸收声音。很多教室都张贴了发布教育信息的公告栏，然而，婴幼儿不太关注教师在公告栏里张贴的不同形状和颜色的墙纸。当婴幼儿正在进行的活动与形状和颜色有关时，形状和颜色可以成为很好的交

流内容。如果这些信息仅仅是被钉在墙上，那么对婴幼儿而言，它们就只是墙纸。我们应当把班里婴幼儿的家庭和同学的照片展示在他们的视线水平上，这样他们就可以借助照片引发有意义的对话，这也是一种学习。

在班级一日生活中有各种各样的话题可以谈论。对婴儿和学步儿来说，没有必要在墙面上呈现教师准备的海报和文字内容。没有明确目的的墙面展示只会造成杂乱的视觉效果。我发现，展示婴幼儿自己创作的作品时，他们的反应效果最好。与预先印制好的教学海报相比，婴幼儿对教师创作的内容更感兴趣。当我们把婴幼儿的作品以适宜的方式展现出来时，整间教室会变得更加美丽。

如果班级里有窗户，那么尽可能多地打开窗户让婴幼儿看看户外的世界。如果班级的窗户太高，婴幼儿看不到外面，那么可以考虑将铺着地毯的移动台阶搬到窗户边，这样婴幼儿就可以爬上台阶更好地看到户外。当婴幼儿透过窗户看向户外时，他们可以一起谈论看到了什么，根据看到的内容，计划之后要做什么，如在操场或建筑物周围散步。有时，婴幼儿会看到街道外面令人兴奋的场景，比如一只嘴里叼着橡子的松鼠正在奔跑，或者一辆垃圾车缓慢驶过。这些事情会为婴幼儿提供学习新词汇的机会。户外的天气和花开叶落的季节变化，能够为教师和婴幼儿创造很多交谈的机会。

涂　鸦

婴幼儿需要一个可以涂画书写的台面和一些用来涂鸦的绘画工具，以发展书写技能。大纸、水泥人行步道、白板、黑板、画架和桌面都是婴幼儿使用可清洗的记号笔或粉笔书写的好地方。学步儿会用整个手掌紧紧地握住你提供的绘画工具，所以他们需要又大又结实的工具，如大号蜡笔、粗粉笔，或者可清洗的无毒宾果笔。粗粉笔在室内或户外都可以

使用，如纸上或水泥面上。如果担心婴幼儿用画笔涂得到处都是，那么你可以在整张桌子上都铺满纸，他们就可以练习控制画笔，发展手眼协调能力。学步儿喜欢可水洗的、无毒的荧光笔。一些教师发现，学步儿不太会把无味的马克笔放进嘴里。成人需要做的是，帮助他们找回那些散落四处的马克笔，在不用的时候将马克笔的笔盖盖紧，避免颜色变干。2 岁的学步儿喜欢尝试使用一头笔尖细、一头笔尖粗的双头马克笔以及各种形状的蜡笔，包括多色的“蛋糕锡纸杯”再生蜡笔。将破损的旧蜡笔放在蛋糕锡纸杯里，放入低温烤箱中融化，当蜡笔冷却凝固成圆盘状，再生蜡笔就制作好了。

婴幼儿也喜欢尝试不同种类的纸张，如购物袋、报纸、牛皮纸、美术纸甚至是包装纸，喜欢用美术工具在不同种类的纸张上涂画，想看看会发生哪些有趣的事情。钢笔和铅笔是教师在工作中经常使用的工具，对婴幼儿来说特别有吸引力。和婴幼儿一起在纸上涂鸦，让教师有机会从忙碌的教学生活中放松下来。在与婴幼儿谈论艺术作品创作的过程中，我们由衷地感叹婴幼儿惊人的创造力。

美国心理学家和儿童教育家罗达·凯洛格（Rhoda Kellogg）发现，世界各地的儿童在绘画或书写之前都以极其相似的、可预测的方式进行涂鸦（Walsh，2020）。成人可以描述儿童的涂鸦作品并尝试模仿，但由于我们总是思虑过多，所以不能真正像儿童一样自由地涂鸦和表现。据报道，西班牙艺术家巴勃罗·毕加索（Pablo Picasso，1881—1973）曾说过，他用了一生的时间重新学习像孩子那样绘画。一旦童年消逝，我们就不能再以儿童的视角去认识这个世界。我们只能作为局外人去回忆过去。学龄前儿童经常画一个圈代表头和脸，胳膊和腿从两边伸出来，当我们想象自己的身体是什么样子时，这个“虫子的身体”就是这样呈现在眼前的。这可能是我们在明白别人眼中的自己就是“镜中的我”之前，我们认为自己的样子。儿童的涂鸦和绘画作品可以帮助我们理解儿童眼中的世界是什么样的。儿童早期的人物画可能从画一只狗开始，将圆圆的狗耳朵画得尖尖的，就变成一只猫，把腿拉长就变成马或牛，改变身体方位，旋转后直立就变成一个人。在 2011 年的影片《艾瑞·卡尔：图画书中的艺术》(*Eric Carle, Picture Writer: The Art of the Picture Book*)中，儿童图书作家和插画家艾瑞·卡尔相信，应该为儿童提供大的绘画纸、明艳的颜料和大画笔，儿童可以用自己的身体动作来表达他们的想法。艾瑞·卡尔说，他创作《好饿的毛毛虫》[①](*The Very Hungry Caterpillar*)等绘本的目的就在于有意识地培养儿童，帮助他们完成从家庭向学校的过渡。

① 该书的中文简体版已由明天出版社于2017年出版。——译者注

第五章

认知发展：引发思考的环境

我初次看到 STEM[①] 课程时，觉得它好像超出了 3 岁以下婴幼儿的能力范畴，但经过仔细思考，发现这些活动设计的初衷就是引领儿童遵循天性探索他们感兴趣的事情，特别适合年幼的儿童，它能够让婴幼儿：

- 更加了解自然世界
- 为了现实目的使用工具
- 解决问题
- 探究数字

STEM 课程里的所有学科都建立在年幼儿童天生渴望获得更多知识的基础上，其课程对有特殊需求的儿童尤其有效。发现式学习能够提升儿童学习的乐趣和自信心。为了让每个儿童都能感受到成功，教师可以随时调整课程。

3 岁以下婴幼儿与年龄大一些的儿童以及成人居住在相似的生活环境里，这一时期的婴幼儿还不能清楚地与人交流，有些婴幼儿根本不会说话，需要依赖他人诠释他们的需求和愿望，因为这些原因，他们的生活环境更具有特殊性和独特性。随着婴幼儿的成长，他们的大脑在日常经验和互动中不断被塑造，丰富的环境有利于大脑的发展，而虐待、忽

---

① 即科学（science）、技术（technology）、工程（engineering）、数学（math）的英文简称。——译者注

视或匮乏的环境会制约大脑的发展。作为早期幼儿教育的专业人员，我们有责任保护和培养最年幼的公民，为他们创设促进其健康、成长、幸福、好奇，充满爱、理解和尊重的环境。

开放式而非受限的环境

我们怎样才能激发年幼儿童的思考，让他们动脑筋？精心挑选的材料和精心设计的课程能够引发儿童独特的想法，为学习新内容提供支架。可以在婴幼儿教室创造丰富的视觉

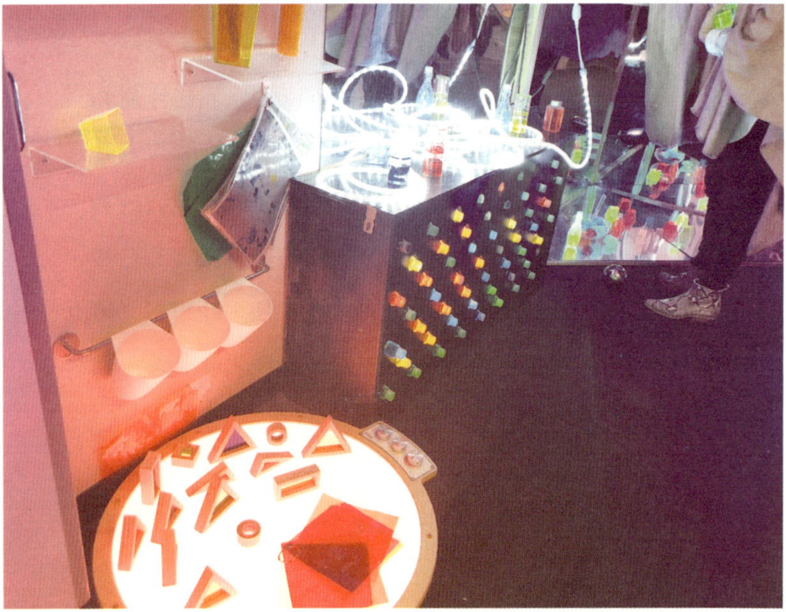

效果，用带有三原色的墙壁和地毯，在架子上装满颜色鲜艳的塑料玩具，让玩具散落在地板上。我参观过的一些教室里满是各种各样限制婴幼儿行动的设备：摇床、弹性婴儿椅、海绵橡胶椅、高脚椅、有围栏的婴儿床、汽车安全座椅和婴儿车。很多婴儿设施都附带玩具。一些州明确规定，不允许将婴儿放在摇床和弹性婴儿椅上，其他州则限制使用摇床和弹性婴儿椅的时间，每次使用 20 分钟。这些设备会限制婴儿的运动和肌肉发育。当 3 岁以下的婴幼儿发现自己的身体能做什么并开始探索环境中有趣的事物时，成人必须满足其扭动、翻滚、抓握、爬行、拉起和行走的需求。

玩具能够激发婴幼儿的思考。我们可能认为有字母和数字的玩具才是具有教育意义的，但这些玩具可能并不会激起婴幼儿新的想法和创意。如果将部分或所有常见的玩具换成更有趣、更吸引人的材料会发生什么？婴幼儿教室里没有任何玩具，听上去就像一个老电视剧里“反派”出的鬼主意。为什么会有人想要剥夺婴幼儿的玩具？玩具是有趣的，玩具应该帮助婴幼儿学习，让他们感到快乐。但是，是否有一些玩具比其他玩具更适合年幼的儿童呢？让我们重新思考一下我们对玩具的定义。在一些托育机构中，班级用开放性材料开展的游戏已经取代了传统的玩具。

随着时间的推移，玩具在过去的几代人中发生了变化。儿童总是会玩他们能够接触和探索的任何东西。我妈妈小时候会在外婆做饼干时玩一些面团。现代玩具已经从“一切皆可玩”发展到非常具象的表现形式。一个玩偶会附有特定的背景故事和剧本供儿童游戏。作为 20 世纪六七十年代的骄傲一员，我的童年记忆里有布娃娃、芭比娃娃、泰迪熊和风火轮玩具车。这些玩具比我父母那一代的玩具更具象，但玩具的很多冒险经历只能依靠我的想象。我的孩子很早便对电子游戏产生了兴趣。《我的世界》（*Minecraft*）这款沙盒电子游戏是他们极其感兴趣的游戏之一，当孩子们使用真正的积木建构时，他们试图重现在《我的世界》游戏中建构的虚拟世界。他们尝试根据乐高和科乐思的搭建说明书来精准复制玩具盒子上的图片。现在的儿童都拥有非常具象的模型，这些模型是成人世界的缩小版。玩具复杂的细节决定了其特定的用途和玩法。虽然儿童喜欢装扮成他们最喜欢的角色，重现电影场景，但是一些电影或卡通主题的玩具和服装指向性非常强，并不鼓励儿童运用想象去创造新的情节和故事。我的孩子上次参加完婚礼很久后还穿着花童的衣服，有人会停下脚步问她“你是哪位公主”，以暗示所有的公主都来自迪士尼。

想一想两个玩具人偶，一个是漫画书里的英雄玩偶，另一个是木钉人。第一个玩偶有自己的名字，你可能已经在脑海里叫出了他的名字以及一个预先设定扮演的角色。第二个玩偶可能是男人、女人、祖父母、婴儿或儿童，还可能是厨师、交警、砖瓦匠、公司总裁或超级英雄。由于第二个玩偶没有事前预定好的故事角色和内容，因此其玩法并不受限制。

想一想这里的两辆玩具卡车：一辆是塑料的消防车，另一辆是没有特定用途的积木车。

第一辆车有特定的工作和特制的声音，但第二辆车可以是家用货车、自卸卡车、校车、高尔夫球车、冰激凌车，或者甚至可以是消防车，由游戏中的儿童来决定它的用途。

我们需要根据游戏来选择玩具。我爸爸常说“商品是用来卖的”，意思是当玩具坏了的时候，我们不应该真的伤心，因为市场的本质是商品的流动，而不是长期的耐用性。为了能够将玩具卖出去，玩具需要吸引消费者的注意并说服人们购买。有些玩具被设计得声音特别大，以便在嘈杂的大卖场里吸引购物者听到它们的声音；有些玩具外型闪闪发光，购物者在浏览线上广告时很容易被其吸引。作为教师，我们要跳出玩具的卖点去思考班级的长远目标。被动的玩具会让儿童更主动。

班级环境的创设反映了我们对儿童及其学习的认知。例如，蒙台梭利玩教具设计的初衷是让儿童每一次只关注单个属性，如重量、高度或颜色。意大利幼儿教育家玛丽亚·蒙台梭利（Maria Montessori，1870—1952）博士认为，如果可以选择，儿童会选择可以挑战自己现有认知水平的工作。教师的角色是规划环境，支持儿童独立性的发展。儿童喜欢那些需要一遍一遍重复练习直至完全理解某一概念的活动。通过让儿童单独关注每个属性，蒙台梭利玩教具帮助儿童通过创造他们自己对概念的理解来组织自己的思维。

今天的教育性玩具将各种属性融为一体，一个玩具上汇集了不同大小、形状、颜色和声音等属性。比如，蒙台梭利的经典材料粉红塔就是由十个颜色、质地和形状相同的木块组成，从一块到下一块的唯一变化是木块的大小。当儿童把粉红塔从玩具架上拿到工作垫上时，就会思考每块积木的大小渐变的差异。相比之下，经典的叠叠圈玩具，每一个塑料“甜甜圈”的颜色和大小都不相同，有些版本还会发光并发出电子音，这样设计可能是为了更有效地教会儿童多种技能，结果却会给他们造成困扰和感官超载。我观察过一些儿童随机摆放不同的叠叠圈，但他们并没有思考叠叠圈的有序摆放问题。

科学之声

幼儿教师寻求的是一切恰到好处的空间，课程不要太难，以致让儿童感到沮丧；也不要太容易，以致让儿童感觉枯燥。苏联心理学家列夫·维果茨基（Lev Vygotsky，1896—1934）将适宜儿童智力水平的学习区间描述为“最近发展区”。年幼的儿童就像科学家一样，一直在学习，一直在寻求更多的知识。最近发展区有时被描述为儿童现有水平与将要达到水平之间的区域。对婴幼儿来说，这就意味着要提供吸引他们注意力并能够激发他们进一步探索的材料。为了了解儿童的现有水平并帮助他们向可以达到的下一水平前进，我们需要成为班级里儿童的细致观察者。

我们如果仔细观察，就会发现儿童随时都在告诉我们他们的需求。反应敏捷的教师能够给儿童提供激发其兴趣的材料。当儿童表现出对材料的兴趣时，我们可以通过添加新材料或制造意想不到的事件来吸引儿童的注意力，从而扩展他们的思维。通过观察儿童的反应，我们可以知道下一阶段应该如何展开课程。例如，一个趴着的婴儿突然踢翻了他身后的一个爆米花盒子，他可能会被盒子倒下发出的声音吓到，需要从身边的成人那里寻求安慰。如果成人像解说员一样讲述这件事，“你把盒子踢倒了，声音有点大，你想再试一次吗？”之后请婴儿用脚重踢盒子，他们就会做好准备尝试用相同的动作重现当时的场景。婴儿的很多动作一开始可能是偶然性的，但随着每次重复都会伴有令人满意的撞击声和成人的反应而变得带有目的性。发现问题、研究问题、发挥创造力、解决问题的机会都是“玩中学”的重要内容。

迷人游戏中的开放性材料

你见过婴幼儿将玩具推到盒子边，将它们装进盒子里吗？你有没有注意到婴幼儿对工具箱里的工具或橱柜里的平底锅特别着迷？这种对物品的着迷从何而来？一方面，是因为婴幼儿喜欢模仿成人和成人的工作；另一方面，是因为这些材料本身具有多样的游戏潜能。纸板箱有很多玩法，婴幼儿的手、胳膊甚至整个身体都能被装进去。它的摇盖可以打开和闭合。纸板具有纸的属性，可以用马克笔、胶带和纸片将纸板箱装饰得很漂亮。很多玩具探索起来不那么有趣，因

为它们不能同时吸引五种感官。自然材料，如丝瓜瓤和叶子，甚至像厨房用具这些日常家用工具也比某些玩具，甚至是被贴上教育标签的玩具更具有学习价值。

受到意大利瑞吉欧·艾米莉亚（Reggio Emilia）学前教育的启发，美国和世界各地的一些托育机构正在重新审视他们眼中的玩具材料，并在教室里提供大量的真实物品和可回收材料供婴幼儿探究。在计划接下来的学习过程中，教师是婴幼儿学习的支持者，在婴幼儿提出问题时记录他们的想法并拍下照片之后与婴幼儿一起重温。重新审视教室里的玩具并不意味着要把所有的东西都扔掉。教师要成为细致的观察者，像侦探一样，专注地观察每一个婴幼儿，看懂婴幼儿的行为。婴幼儿的行为可以展现他们用语言可能无法告诉我们的信息。

教师可以观察婴幼儿对什么感兴趣，通过添加类似的、更具挑战性的物品来拓展婴幼儿的思维，但这并不意味着每天都要改变材料。每个物品都要投放一段时间，也许是几周，即便有些刚投放的物品没有被婴幼儿注意到。几周之后，在你准备淘汰它之前可以再次向婴幼儿介绍它。每个婴幼儿的喜好不同，当他们拥有更多技能时，他们的喜好也会发生改变。班级里每个小组都有最喜欢的东西，而他们最喜欢的东西每年都会改变。

开放性材料能够提升婴幼儿的创造力，帮助婴幼儿用多种方式理解事物。为婴幼儿的发现式学习创设班级，你将会创造更平和、更具有目的性的活动空间，在这里婴幼儿会热衷于探索材料的属性。当婴幼儿专注于弄清楚周围有趣的、富含感官体验的物品时，他们的注意力将聚焦于对物品的积极探索，他们不会因为无聊而烦躁，哭闹的情况也会减少。儿童专注于繁忙的活动，教师就会更有效地完成日常照护工作，享受在班级里的时光，没有太大的压力。

低成本和无成本的启发式材料

“heuristic”（启发式）一词来源于希腊语“heuriskein”，

这也是“eureka”（发现、找到）一词的来源。“heuriskein”的意思是“发现”。婴幼儿在一篮子自然物品和家庭用品中探寻“宝物”，似乎在探索他们发现的每一件“宝物”的游戏潜力。甚至是小婴儿，他们可能只是把一些碎片聚拢在一起，然后把碎片扔到地板上或放回篮子里，似乎也在评估材料。我们通常认为一个 4 个月大的婴儿集中注意力的时长为 40 秒左右，但我也观察到很多婴儿会用 45 分钟探索日常家居用品。

婴幼儿想要探索有趣的味道、纹理和气味，比较不同物品的重量和表面的温度。他们可能会对海绵的松软或刷毛的坚硬质感展现出惊讶的表情。婴幼儿喜欢不锈钢的量杯和勺子，其光滑发亮、冰冷凉爽的表面吸引他们去摸一摸，尝一尝，而且不锈钢材质还能以有趣的方式反射光线。月龄大一点的学步儿可以使用像长筷子一样的鼓槌把树叶从一个地方移到另一个地方。2 岁的孩子可能会把旧光盘放回支架的中心位置，同时惊叹于光盘反光表面闪闪发光的彩虹色。他们可能会把手链和餐巾环挂在杯架上，或是用木勺子搅拌小银锅里的珠子假装是在做晚餐。硅胶材质的厨房用具，如颜色鲜艳的隔热垫和可折叠的过滤器，易于消毒和存储。

为班级里婴幼儿的游戏所收集的材料不必十分昂贵。如果你列出想要的材料清单，婴幼儿父母就可以帮你收集到这些材料。要确保班级里的物品都经过了消毒，没有破损，没

有裂缝，比阻塞测试管[①]大。选用木质半成品可以消除有毒的风险。

- 适宜婴儿的启发式材料
  - 饼干罐
  - 刺绣手绢
  - 丝瓜瓤和海绵
  - 杯垫
  - 量杯

① 英文为 choke tester tube，由美国政府组织于 20 世纪 70 年代开发，用以防止孩子被玩具卡喉，它模拟孩子喉管的形状，玩具、可折断部件等物品如果能从中通过，就被视为对孩子具有潜在危险的物品。——译者注

- 适宜学步儿的启发式材料
  - 带盖的容器
  - 钱包、背包以及其他可以装东西的漂亮物品
  - 嵌套的杯子或碗
  - 量杯
  - 木勺子
  - 小号的锅碗瓢盆
- 适宜 2 岁孩子的启发式材料
  - 漂亮的餐具
  - 松饼罐
  - 旧遥控器（摘掉电池，粘上小螺丝）
  - 松果
  - 化妆刷
  - 真实的水果
  - 大螺母和螺丝钉
  - 小块瓷砖
  - 编织在铁丝网栅栏上的丝带
  - 手掌大小的河岩石

光线活动

采光是一个非常重要却经常被忽略的环境要素。自然光是提升整体幸福感和工作效率的首要条件。采光能让空间变得更具吸引力，缺乏足够的采光会让人感到不舒服，光线太亮会让人过度兴奋。忽暗忽亮的灯泡和太暗的灯光会引起头痛。理想的采光是从窗户和天窗照射进来的自然光。如果你很幸运，所在的教室里都有窗户，那是最理想的。日光可以杀死霉菌和细菌，产生维生素 D。如果你所在的教室里没有自然光照射，那么你可以在教室里放置灯具和一串仙女灯来增加光亮。

光线也可以成为教师与婴幼儿互动的元素。添加光桌、智能灯泡、彩灯等设备，使半透明的霓虹灯容器发光。镜子、光盘、水晶、舞厅镭射迪斯科球灯可以反射出光线，创造可爱的灯光焦点。我知道有一家托育机构，为了让更多的光线进入室内，其教师在坚固的入户门上加了窗户。能透过教室窗户看到树木等其他植物的儿童在学校的表现会更好。但在没有窗户的情况下，在教室里为儿童提供大自然的图片，也会起到积极的效果。

做一个灯箱

你需要一个透明的塑料储物袋和一台工作灯。在储物袋的底部剪一个洞，把洞剪得大一点，让灯的插销能够穿过去。把灯放在储物袋里，将插销和电线从洞里穿过来，盖好储物袋的盖子，灯箱就做成了。将灯的插销插入插座，把灯箱靠墙放，这样儿童就接触不到插头或电线。当儿童在灯箱区域玩耍时，教师要密切观察和监督他们，以确保安全。

我每次参观意大利瑞吉欧·艾米莉亚的洛里斯·马拉古兹中心，各种各样用于探索光影的美丽邀请物（invitation）都会令我印象深刻。中心里展示的照片和描述性文字，记录了年幼儿童对光线和空间富有创意的思考。参访者也可以探索材料，这些材料会以意想不到的方式激发人们的思考，让人们产生新的想法。

你可能会担心为 3 岁以下婴幼儿创设探索光线的空间需要昂贵的费用，但你可以在预算内设计光线游戏，在很多地方找到材料，如下所示：

- 在清仓大甩卖中找到灯串
- 询问公立学校是否有闲置不用的投影仪
- 在私人旧货销售中寻找幻灯片或电影放映机

✧ 请家长捐赠手电筒和电池

为婴幼儿提供开展光影游戏的书籍，你可以和婴幼儿分享这些书籍，然后让他们自己去探索。

- 《手电筒看见了什么》①（*Flashlight*，Lizi Boyd）
- 《晚安，月亮》②（*Goodnight Moon*，Margaret Wise Brown）
- 《点亮夜空的萤火虫》③（*Firefly, Light Up the Sky*，Eric Carle）
- 《哄哄！哔哔！》（*Honk Honk! Beep Beep!*，Daniel Kirk）
- 《兔子好饿好饿》④（*Let's Make Rabbits*，Leo Lionni）
- 《夜间童谣：睡前光影书》（*Nighttime Nursery Rhymes: A Bedtime Shadow Book*，Barbara Paulding）
- 《我的小影子》⑤（*My Shadow*，Robert Louis Stevenson）

---

① 该书的中文简体版已由明天出版社于 2022 年出版。——译者注

② 该书的中文简体版已由北京联合出版公司于 2014 年出版。——译者注

③ 该书的中文简体版已由江苏凤凰教育出版社于 2017 年出版。——译者注

④ 该书的中文简体版已由新星出版社于 2022 年出版。——译者注

⑤ 该书的中文简体版已由汕头大学出版社于 2015 年出版。——译者注

第六章

情感发展：滋养儿童的环境

教师持续一贯地表达对婴幼儿无条件的爱与尊重，久而久之，会在婴幼儿及其家人心中建立信任感，让每个婴幼儿及其家人都感受到这份“挚爱”。我们通过帮助家长看到自己孩子的独特天赋、内在价值和巨大潜能来培养婴幼儿的抗逆力，帮助婴幼儿认识到自己是有能力且独立的个体。我们支持学步儿说出“我自己能行”时，这种坚韧的态度可能会成为他们多年后面对人生挑战时脑海里的声音。在婴幼儿生活中出现的“重要他人”，将会对其一生产生影响。

在蒙台梭利教育中，“优雅与礼貌”的课程直接教导婴幼儿如何善待他人，如何礼貌待人以及独立保管班级材料。教师尊重他人的行为为婴幼儿树立了榜样，让婴幼儿有机会感受到用善意对待他人和期待友善回报的感觉。蒙台梭利说：“在一切事物中，爱是最有力量的。”

当环境对婴幼儿的需求没有做出及时回应时，婴幼儿往往会出现行为问题。这就意味着，在一天的活动中，我们要接受婴幼儿不断变化的情绪状态，并能够随着婴幼儿能力的增长不断调整对他们的期望。我曾参观过一个学步儿班级，那里的孩子很爱哭闹，教师们压力大到要辞职的地步，班级里的材料散落在架子和地板上，到处都是。参观之后回想起来，我发现班级里大部分的操作材料都是被用于为小学儿童设计的成套游戏，学步儿当然对这些材料不感兴趣！同样还是这家托育机构，婴幼儿在操场上无所事事，但我注意到操场上有一排三轮脚踏车，车子的前轮用链条锁在了围栏上。当我问为什么锁起来时，教师们告诉我是钥匙丢了，婴幼儿不确定是三年前还是四年前丢的，他们现在觉得也许应该找断线钳或是去网上看看如何把锁打开了。

在这个忙碌的世界里，班级可以成为婴幼儿情感的安全避风港。我们可以在班级里添加一些美丽的元素，如植物和印刷品，还要根据婴幼儿的需要稍做改变来营造平静、祥和的班级氛围。从设计、美观、功能和婴幼儿的视角出发，将确保你创设的班级是婴幼儿和成人都喜欢的地方，大家在这里能够享受快乐的时光。当教师们的奇思妙想汇聚在一起，为婴儿和学步儿创设充满支持、尊重和魅力的班级空间时，灵感将来自任何地方。

身心健康的保障

我们需要时刻保持警醒，确保为婴幼儿提供了物质和心理两方面的安全保障。物质安全包括遵守消防安全规定，预防窒息危险和户外伤害，确保教室里的家具不会翻倒。应急预案是指制订计划，预防一切有可能出现危险的事情。心理安全包括情感安全、可预测感和爱。喂养涉及的不仅是营养，喂养婴幼儿的过程正是帮助婴幼儿建立社会联系、稳固友谊和归属感的重要时刻。

心理安全：爱和养育

与其他时期相比，婴儿期是人一生中身心发展最为重要的时期。年幼的儿童总是不断获取新的能力，他们通过不断练习新技能来达到一个个里程碑。一个 2 个月大的孩子能不能和教师交谈？我刚刚和一个名叫杰米的 8 周大的孩子聊天，我说“你好”的同时对她进行点头和眼神交流。当她躺在柔软的地毯上，我再次对她说话时，杰米清楚地听出我的声音，她踢着双脚，挥舞着双臂，高兴地扬起了眉毛。杰米刚认识我几天，她对我的问候给予了积极的回应。她全身心地投入这次社会交往中，她认出了我的声音，开始意识到一个成人在教室里跟她说完话，后面也许就会发生另外一件事，也许有人会把她抱起来，或者把有趣的东西放在她旁边让她看，或是和她一起坐在地板上。她的各种感官都被激活了：地毯或人的怀抱带给她感觉；有人靠近她时，洗发水或衣服上柔顺剂的气味；镜子或者闪亮玩具带来的视觉感受；奶嘴或奶瓶的味道。所有这些刺激都给婴儿带来了需要处理的信息。同一时间，杰米也正在通过所有的感官进行学习。她的大脑正在组织这些信息，学习如何预测接下来可能发生的事情。这些事情的顺序和组合促使她开始形成某种思维模式，以预测接下来可能发生的事件。比如，我在带她去尿布台之前经常对她说“让我看看你的尿布”，她就知道接下来会发生什么，不会产生失落感，因为她已经能够预见接下来是去尿布台换尿布。如果我用有趣的声音和她交谈，并解释换尿布过程中的每一步，她就会在一日活动中变得更有安全感。对活动的期待是促进儿童身体和社会性发展的一种途径。

我们可以通过婴幼儿的行为来识别他们接下来的发展。今天，我看着 15 个月大的乔希穿过操场上高低不平的草地向我走来，他低头看了看自己的鞋子，发现他的鞋子因为走路而松动了，然后又看了看我，额头皱了起来。虽然他说出

的唯一的词语是“嘎”（gaah），我把此刻他的情绪、语言和动作这些线索结合在一起，读懂了他想要表达的意思。他看着我，好像在说：“帮我弄好它。”我能够识别出他发起的这次没有语言的互动内容，透过他提供的信息，看到他的发展，很快地识别出这个词语的意思。

我们需要认识到，当婴幼儿来到一个他们不熟悉的地方时，这里陌生的人、气味、声音和景象都会让他感到有压力。我们可以为他们开展一些舒缓的活动，比如唱一首孩子们熟悉的歌曲，讲一个他们喜欢的故事，到户外去呼吸新鲜空气，玩跳床，荡秋千或是玩舀起或倒掉水、沙或其他材料的沙水游戏。所有婴幼儿都能从感官体验中获益，特别是对感觉统合失调的婴幼儿而言，收益更大，这些感官体验活动能够帮助他们进行自我调节。让婴幼儿与能够帮助他们形成安全感，且具有支持性、积极回应的成人建立关系，这一点再怎么强调都不为过。

婴幼儿在用颜料、马克笔、粉笔和天然黏土进行创造性表达中会发现乐趣。甚至小婴儿也很喜欢花，不管是真花还是假花，以及教室里精心摆放的材料。给予婴幼儿自由探索和积极参与创造性活动的机会，将培养婴幼儿积极的自我意识，有助于全面提升他们的幸福感。

关于探索感觉的学步儿图书

- 《做鬼脸：孩子的第一本情绪认知书》（*Making Faces: A First Book of Emotions*，Abrams Appleseed）
- 《告诉我你的感受》（*Show Me How You Feel*，J. A. Barnes）
- 《我喜欢我自己！》（*I Like Myself!*，Karen Beaumont）
- 《开心的河马，生气的鸭子》①（*Happy Hippo, Angry Duck*，Sandra Boynton）
- 《抱抱小狗！一首充满爱的小歌》（*Snuggle Puppy! A Little Love Song*，Sandra Boynton）
- 《好安静的蟋蟀》②（*The Very Quiet Cricket*，Eric Carle）
- 《我们都是一样的》③（*Whoever You Are*，Mem Fox）
- 《笑！》（*Smile!*，Roberta Grobel Intrater）
- 《阿罗有支彩色笔》④（*Harold and the Purple Crayon*，Crockett Johnson）

---

① 该书的中文简体版已由黑龙江美术出版社于 2019 年出版。——译者注

② 该书的中文简体版已由明天出版社于 2013 年出版。——译者注

③ 该书的中文简体版已由河北教育出版社于 2019 年出版。——译者注

④ 该书的中文简体版已由接力出版社于 2021 年出版。——译者注

- 《婴儿的感觉：孩子的第一本情绪认知书》（*Baby's Feelings: A First Book of Emotions*，Layla McGrath）
- 《宝宝的脸》（*Baby Faces*，Margaret Miller）
- 《你感觉怎么样？》（*How Do You Feel?*，Jodie Shepherd）
- 《鸽子也会闹情绪！》[①]（*The Pigeon Has Feelings, Too!*，Mo Willems）

① 该书的中文简体版已由南海出版公司于 2011 年出版。——译者注

人身安全：悉心指导

我们已经开始依赖卫星的全球定位系统来指导我们的出行。同样，如果你愿意使用创设适宜环境的环境指导系统，它就能够帮助我们指导婴幼儿做出适宜的安全行为。

幼儿教师有时觉得，好像每个人都想要告诉我们工作中该做什么以及应该怎么做。在实践中，我们有很多引导和指导婴幼儿行为的传统智慧。婴幼儿会引发强烈的情感反应，而且人们总是不太希望自己对婴幼儿照护和指导的想法受到挑战。我们把坚持自己传统观点的人称为“捍卫者”，这些试图维持现状的“捍卫者”可能是父母、祖父母、同事或管理者。

没有人比你更了解教室里的孩子们，你是婴幼儿和班级空间方面的专家，除了配班教师，你和班上婴幼儿在一起的时间比其他任何人都多。课程编写人员都没有你了解这些婴幼儿，机构管理者可能也不会像你一样花那么多时间在教室里。相信自己，相信自己的直觉，为班级里咿呀学语的婴幼儿争取权益。

例如，有人让我们移动班里的架子，但是他可能不清楚我们把架子放在离美工区更近的地方，目的是让婴幼儿更便捷地拿到纸张和蜡笔。当要求我们移动一块地垫时，“捍卫者”可能不太了解，把地垫放在门口的正中央，当门打开时会被地垫挡住。当“捍卫者”告知我们婴幼儿在积木区玩的时间太长而在其他地方玩的时间不够时，他们可能没有意识到婴幼儿正在专注于理解平衡。一个貌似注意力不集中，一边在教室里所有桌子下面爬着玩，一边听你讲故事的孩子，可能会逐字逐句地重复说出你刚刚阅读的故事。

改变是需要时间的。与其轻视或完全无视“捍卫者”的想法，不如耐心、从容地提供需要做出改变的原因和依据，这样会产生更好的效果。

我们已经对有效的技术及其作用机制进行了数十年的研究。在古梵语中，“Guru”是导师的意思。我们很幸运，曾接受婴幼儿领域中许多优秀导师的指导，其中颇有影响力的美国教育者和研究者是玛格达·嘉宝（Magda Gerber）和贝里·布雷泽尔顿。

玛格达·嘉宝是幼儿教育家，也是美国婴儿保教者资源机构（Resources for Infant Educarers，RIE）的创始人。她提出，婴儿是拥有喜好和想法的、有能力的个体。这一观点在20 世纪中期被提出时曾引发争议，但目前脑科学研究支持了这一观点。

儿科医生贝里·布雷泽尔顿编制了《新生儿行为评价量表》，用以帮助父母了解新生儿已经具备的学习能力和神经反射。他的书籍和系列视频，如《儿童敏感期全书

（0~3岁）》[①]（*Touchpoints: Birth to Three*），帮助父母和教师将婴幼儿的发展里程碑作为指导与帮助他们学习的契机。

嘉宝和布雷泽尔顿的工作帮助我们认识到，婴幼儿的所有行为都是在与人交流。婴幼儿用行为告诉我们他们的需求，当他们出现击打、咬人或者其他不受欢迎的行为时，转移注意力对3岁以下的婴幼儿来说是一种有效的指导方式。

我们仔细观察婴幼儿，就能够对其行为"线索"做出及时、适宜的回应。通常情况下，很多成人忽略了婴幼儿发出的信号，沟通不畅会让婴幼儿感到沮丧。婴儿把头转开或打呵欠，是在告诉我们他需要休息了，如果我们继续和他进行有趣的互动，他就会大哭。2岁的孩子可能会因为没有得到想要的东西而顿感失望并大发脾气，但被人误解的强烈受挫感也会让他们发脾气。

婴幼儿也会反映我们的情绪。镜像神经元促使婴幼儿模仿他人的面部表情、眼神、呼吸，甚至眉毛的动作。你可能还记得，当你觉得婴幼儿根本没有注意你的时候，他们会以一种令人惊讶的方式对你做出反应。

班级环境反映了一个机构的教育理念。环境在支持婴幼儿身体、认知和个人发展方面起到多重作用。环境中的各种

① 该书的中文简体版已由南海出版公司于2014年出版。——译者注

信息应当让婴幼儿及其家人感觉自己被看到和听到。现在有很多开展不同类型课程的机构，如下所示：

- 森林学校，那里的大部分学习都在户外进行
- 自然幼儿园，侧重于户外散步和在教室中投放自然材料
- 基于意大利瑞吉欧·艾米莉亚学前教育理念的学前教育机构
- 蒙台梭利学校
- “开端计划”（Head Start）和“提前开端计划”（Early Head Start）
- 家庭托儿所
- 传统的托育机构

当前，教师和家长可以在各种各样具有“以儿童为中心”的理念和环境的机构中进行选择，我们为生活在这样一个时代而感到兴奋。

光线、声音和形状

灯、灯串和调光开关可以调节教室里的亮度，以适应教室里开展的活动。向上照明和转动百叶窗，让阳光照射到天花板上，使光线更自然地充满整间教室，会令人感受到平

静、祥和。

在安静放松的时候，播放来自大自然的天籁之音能够减轻人们的压力。音乐能够激发婴幼儿在适当的时候进行身体游戏和歌唱，婴幼儿每天都应该有一些安静的时间，这个时候应没有任何背景声音。

在我们周围的环境中，弧形和自然物的形状要比带有角和直线的几何形状让我们感觉更舒适，但在班级里通常充满长方形的物品：天花板的贴砖、墙砖、桌子、白板、窗户、地砖和地毯。你可以想办法把更多自然物的形状和弧形融入班级和操场上，营造更为祥和的氛围。

人际互动和身体游戏的机会

全球新型冠状病毒肺炎疫情大流行期间，我们目睹了世界各地发生的前所未有的变化。有些变化是积极的，比如父母居家工作，鼓励家庭成员在假期和闲暇时间待在家里，这样他们就能有更多的时间和孩子在一起。社会开始对教师和儿童保育人员表现出更多的尊敬和理解。日常生活中重视洗手、清洁、消毒以及多呼吸新鲜空气，对大多数人来说，这些更健康的生活习惯会让一些疾病出现得越来越少。我们可以使用网络信息技术继续推进工作以确保教育效果，比如在网络上开展虚拟家访活动，既便捷又能够吸引更多的家长参与。

也有一些负面影响，很多托育机构被迫关闭，家庭勉强维持生计。在线课堂以及让婴幼儿有事可做的需求骤增，这样一来，大大增加了婴幼儿看电子屏幕的时间。现在我们面临的任务是改变婴幼儿的新习惯，再次限制他们看屏幕的时间。

屏幕时间会阻扰婴幼儿真正需要做的事情：人际交往和身体游戏。屏幕时间让婴幼儿很容易厌倦现实生活。电子游戏和儿童节目中的动画图片要比真实的生活经验展开得快得多。婴幼儿的大脑正在发育，他们会结合环境中的声音和光线，几乎每一秒都会产生许多新的想法。此外，专注屏幕的

婴幼儿还会错失发展友谊的机会，也会错过理解其他婴幼儿和成人发出的社交信号的机会。

婴幼儿需要通过身体活动锻炼肌肉和促进骨骼发育。手持式电子游戏仅仅使用指尖和拇指的移动来操控，当平时活跃的婴幼儿变得久坐不动时，他们患肥胖症和睡眠问题的风险更大，其进行游戏和社会交往的时间也会更少。美国儿科协会（American Academy of Pediatrics，AAP，2016）提出：不鼓励 18 个月以下的婴幼儿使用电子媒介设备（视频聊天除外）。就 18—24 个月的婴幼儿而言，家长可以选择高质量的节目或应用软件和孩子一起使用，避免孩子单独使用；2 岁以后的孩子观看或玩游戏的屏幕时间，每天不超过 1 小时。阅读、交谈和一起玩游戏是更适合婴幼儿的活动。

户外选择

想要分散正在哭闹的婴幼儿的注意力，带他去户外是一个有效的办法。清新的微风、新奇的景色和独特的气味会使 3 岁以下的婴幼儿再次集中注意力。户外散步 10 分钟能够让人们的精神为之振奋。当然，在带婴儿和学步儿外出时，安全是首先要考虑的问题。蹲下来以婴幼儿的高度检查是否有危险因素，检查洞或缝隙的大小，以免它们困住婴幼儿的头、手或手指，也要防止婴幼儿掉进去。每天早上，在婴幼儿户外活动之前要检查操场，确保自上次活动后户外不存在危险。检查可能被吹进来或掉在地面上的垃圾和碎屑，找一找有没有折断的树枝，检查户外设备是否有裂缝或断裂。

有些人认为，设置操场的目的是让婴幼儿东奔西跑来消耗能量。婴幼儿确实需要跑和跳，不断使用身体的大肌肉进行运动，但这只是户外活动内容的一部分。操场和户外活动区也提供了计划户外学习活动的机会。自然教育对婴幼儿极具吸引力，具有内在的激励作用。户外活动是非常有价值的，它让我们更放松，缓解各种压力。教师和婴幼儿可以呼吸新鲜的空气而不是再循环的空气，阳光让我们获得维生素D。尽可能地将户外活动融入每日课程计划中，是非常有价值的。

如果每个班级在一天的不同时间开展户外活动，那么户外游戏区就不会占用很多空间。快速地用帐篷或遮篷布创设遮阳区，种植灌木和生长周期快的乔木，这样它们未来就能够提供自然的阴凉。户外游戏材料不需要很昂贵，在私人旧货销售、旧货店和二手店里都能找到锅碗瓢盆，平时很多家庭也很乐意捐赠旧的物品。这些材料很便宜，因此当磨损严重时容易被替换。学步儿经常喜欢一起做相同的事情，一个好的办法就是提供数量足够的同类物品。提供大量受欢迎的材料会减少学步儿之间的矛盾冲突。

如果你所在的区域经历了冰雹或大风，留下来很多倒掉的树木，这时可以向你的邻居要一些他们不需要的树枝，你把这些树枝剪下来，投放在操场上，学步儿就可以用树枝和树干这些开放性材料进行大肌肉运动活动。他们可能想爬上去或跳过去。大块原木会吸引 2 岁的孩子和朋友合作搬运。一些托育机构可以通过固定柱子和连接粗麻布料来创建自然结构，将一条简单的石子路变成通往神奇冒险的道路。

改变班级，改变行为

- 画一张班级平面图。
- 当婴幼儿的相关行为出现在某个区域时，就在平面图的相应区域放一颗星星，可以把这张平面图贴在橱柜门上，这样每位照护者都可以根据需要在平面图上添加内容。
- 一周后，和你的搭班教师一起讨论星星都出现在哪些区域以及特定区域出现问题的可能原因。
- 用头脑风暴的方式应对问题区域。
- 考虑改变家具位置和调整一日作息安排，也要思考班级的其他区域如何影响这些“星星”区域。
- 做出一些改变。
- 观察两周，重新画一张平面图，在上面添加星星。（注意：要给你和婴幼儿几周的时间来适应环境的变化。）

- 再次与你的搭班教师碰面，比较以上两张平面图，婴幼儿的相关行为是减少了还是增加了？根据这些信息判断现有的改变是否有价值，是否需要更多的改变。
- 根据需要重复上述步骤。

第七章

成为环境中的指导者

既然你已经了解了托育照护环境是如何影响婴幼儿的体验式学习的，那么我们来看看你的班级。想一想如何提供活动来帮助婴幼儿获得知识，练习新技能，并将这些想法应用到不同的场景中。

教室：受欢迎还是不受欢迎

思考你对于本书第二章最后一部分中问题的回应，这些问题与有吸引力、好玩有趣、引人入胜的教室的特点相关。用下面的表格评估你曾参观过的班级，也对你自己的班级进行评估。

- 想一想你曾参观过的很受欢迎的教室，是什么让它受欢迎？是什么吸引你在那里停留？
- 想一想你曾参观过的不受欢迎的教室，是什么让它不受欢迎？是什么让你想要离开？
- 将你的教室里受欢迎和不受欢迎的区域写下来，用表格进行分析。

利用收集到的信息，采取措施，把班级空间变得更受欢迎。

- 你所在教室环境的优势有哪些？哪些方面做得很好？

班级区域	受欢迎	不受欢迎
站在班级入口处，看看四周		
检查喂食和进餐区		
看看睡眠区		
听一听，你听到音乐了吗？这里有供儿童探索和开展游戏活动的乐器吗？		
检查积木和操作区		
看看图书和阅读区		
检查舒适区		
看看角色扮演区		
检查美工区		
看看采光，光源是什么，来自哪里？有窗户吗？灯光是自然光还是人工照明？你看见镜子了吗？		

- 你已经开展的改善工作有哪些？
- 如何让教室环境变得更好？在没有任何顾虑的情况下，你希望改进教室的哪些方面？

制订一个班级环境改进计划。想一想去哪里寻求帮助？可以考虑申请所在地区的小额补助金，寻求家庭志愿者和社团的帮助。

- 你能实现的步骤是什么？
- 你能马上开始做什么？
- 给你更多的时间，你能完成什么？
- 当你所有的想法都变成现实时，教室会是什么样子？

户外游戏场地：受欢迎还是不受欢迎

有吸引力、好玩有趣、引人入胜的室内特征同样适用于户外场地。想一想你曾参观的很受欢迎的户外游戏场地，是什么让它受欢迎？是什么吸引你在那里停留？想一想你曾参观过的不受欢迎的户外游戏场地，是什么让它不受欢迎？是什么让你想要离开？想一想你的户外游戏场地，哪些方面受欢迎，哪些方面不受欢迎？

- 画一张户外游戏场地的平面图。
- 为使用这一场地的其他教师制作平面图副本。
- 当婴幼儿的相关行为出现在某个区域时，就在平面图的相应区域放一颗星星，可以使用写字板或平板电脑便于户外记录。
- 一周后，和你的搭班教师一起讨论星星都出现在哪些区域以及特定区域出现问题的可能原因。
- 用头脑风暴的方式应对问题区域。
  - 考虑改变开放性材料的投放方式
  - 想想户外场地的日常使用安排
  - 想一想游戏场地哪些部分可能影响婴幼儿所在的区域
- 做出一些改变。

- 观察两周，重新画一张平面图，当婴幼儿的相关行为出现时就在上面添加星星。
- 再次比较两张平面图，看看现有的改变是否有价值，是否需要更多的改变。

支持性或非支持性环境

在第一章中，我们提到了创设支持性教室环境所需要的要素。现在，请结合使用班级平面图和下面的表格，对你的教室环境、空间安排和材料进行评估。

思考的问题	是	否	需要做出的改变
活动区是否舒适、空间是否狭小?			
婴幼儿的家人是否可以在照片或海报上看到?			
图书、海报、玩具、娃娃和表演道具是否呈现出教室和世界的多元性?			
你总能看到每个婴幼儿，听到他们的声音吗?			
有足够舒适的空间供成人坐下吗?			
采光是如何让空间变得更有趣的?			

（续表）

思考的问题	是	否	需要做出的改变
镜子的高度是否在婴幼儿的视线水平，能够促进婴幼儿对自我情绪的理解？			
空间中是否到处都有有趣的活动，婴幼儿不会聚集在同一个地方？			
动静活动是否分开？			
脏玩活动区域是否容易清理？			
是否有充足的材料能够让每个婴幼儿都参与有趣的游戏？			

一日作息表

使用下面的表格为你目前的日常教室活动创建一个列表。合理安排空间，以便更好地开展所有活动。检查一日作息表，关注小组活动和个体活动的频次。接下来，想一想你可以做哪些改变来减少环节的过渡，让婴幼儿拥有更多的选择。

* 图中英文 ALPACA 的意思是羊驼，CHICKEN 的意思是鸡。——译者注

一日作息表

目前的活动及时间	目前的分组情况： 1= 独自一人 2= 小组 3= 大多数儿童	可能尝试的改变

观察婴幼儿的活动和兴趣

使用下面的表格，采用时间取样的方法对婴幼儿的活动进行观察，每隔 30 分钟对各个活动区的婴幼儿数量进行统计，在表格底部统计当天各活动区的婴幼儿总数。

时间	积木区	图书区	音乐区	就餐 / 睡眠区	攀爬 / 户外活动区	开放性材料区	角色扮演区
8:00							
8:30							
9:00							
9:30							
10:00							
10:30							
11:00							
11:30							
12:00							
12:30							
13:00							
13:30							
14:00							
14:30							
15:00							
15:30							
16:00							
16:30							
总数							

学习目标

使用下面的表格为班里每个婴幼儿设置具体的学习目标。考虑每个婴幼儿的兴趣，思考如何将婴幼儿的个人喜好与学习目标结合起来，增强婴幼儿的兴趣和动机。

________的学习目标和兴趣		
婴幼儿的学习目标	婴幼儿的兴趣：喜欢什么东西和活动？	学习目标与婴幼儿兴趣之间可能存在的联系

第八章

关怀照护者

照护3岁以下的婴幼儿是一项消耗体力和脑力的工作。在这种工作压力下仅仅告诉教师要照顾好自己是不够的，他们每天有很多事情要做，照顾好自己只是在一份很满的待办事项列表里多加的一件事。作为一名教师，我们每天都要做成千上万的决定，这些决定不可能都是正确的，每一次错误的决定都让我们有机会去反思为什么这样做、下次可以怎么做。因此，请允许自己不完美。

运动、营养、积极的自我对话等健康的生活方式确实有助于减轻压力，但我们也需要努力让公众认识到3岁以下儿童照护工作的重要性以及这项工作需要获得与之匹配的薪酬。教师应当得到国家给予的职业赞赏和尊重，世界上的许多国家都赋予这种尊重，同时为教师提供了足够的薪酬。我们的托育照护工作能让婴幼儿父母投身职场，放心工作。每天和婴幼儿一起工作的快乐是有价值的，但我们也要生存。我们可以通过不同的方式向个体、群体甚至是国家领导者为儿童保育工作者呼吁和发声。

美妙且普通的一天

每个婴幼儿都在自己独特的生活世界里学会理解事物和周围环境。很多婴幼儿是从家里开始一天的生活的，他们沉浸在熟悉的家庭活动中，舒适的景象、气味和意料之中的互动充斥着他们的感官。当婴幼儿去学校的时候，他们不得不调整自己对新的照护者的预期，一天的活动可能会按照计划进行，也可能完全不同。室内外发生的一切事情都会影响婴幼儿和成人。咖啡和牛奶洒了，鞋子丢了，再完善的计划都会出差错。每一天，教师都必须以适宜的方式控制自己的情绪以适应婴幼儿的情绪，这可能会让教师精疲力竭。

婴幼儿每天经历的每一个平凡瞬间，在他们眼中都是具有神奇魅力的。新的一天可能充满令人兴奋的发现、新的想法和新的主意。例如，一个婴儿突然注意到自己的双手并对它们着迷。一旦他掌握了用手抓住甜甜圈的技能，他的生活

就会变得不一样。一个学步儿发现了一根木尺，并成功地把它举过头顶！一个 2 岁的孩子爬上公园里的一块小石头，站在山顶上，转过身确认小伙伴们看到了他的“成功”。对婴幼儿来说，微不足道的小事就是他们心中的大事。

学习的目标之一是产生新的想法，一个你之前从未有过的想法。当你思考自己的教室环境时，想一想它是否为婴幼儿和成人提供了产生新想法的机会。有目的地创设学习环境能够激发婴幼儿新的思考，产生奇思妙想。通过合理安排空间，精心挑选材料，思考吸引婴幼儿的美好事物，我们可以为快乐、真实的学习制订计划。3 岁以下的婴幼儿有很多事

情要做，因此教室应当是平和、舒适的，能让婴幼儿感到安全，并促进他们的学习。

镜子和窗户

“镜子和窗户”这一概念最早由埃米莉·斯泰尔（Emily Style）提出，是文学视角下的一种思考方式。“镜子”能够让你看到故事中的自己和特有的文化背景。“窗户”能够让你窥视别人的经历。我们可以用“镜子和窗户”的概念思考婴幼儿的一般需求。“镜子”让我们反思自己当前的做法。我们所服务的婴幼儿是相似的，但每个婴幼儿又是独特的。他们都需要爱、接纳、尊重和不断学习。“镜子”让身为教师的我们反思自己是谁，从哪里来。“窗户”让我们看到未来。如果条件不受限，我们会想象哪些可能性？“窗户”让我们看到超越现有经验之外的世界，让光芒照亮我们未来的成长。

矛　盾

观察是一门艺术，有助于我们知道什么时候进行干预。婴幼儿既需要安全感又需要独立性，我们需要给他们探索和尝试新想法的空间。但是，当他们真正需要我们时，我们一定要出现在他们身边。当婴幼儿发生冲突或表现出需要安慰的迹象时，我们一定不能掉以轻心，应进一步深入观察，在必要时给予帮助。可以随时通过看和听来关注他们，但不要在他们身边徘徊。当婴幼儿需要帮助时我们及时出现，满足他们的需求，给他们带来安全感，他们才能有信心继续探索。我们正在不断强化婴幼儿的神经通路。婴幼儿使用大脑建立的认知连接越多，大脑功能就越敏锐，反之亦然，未使用的神经连接将被修剪掉。

在不断地实践中，我们的观察能力将得到训练。通过观察每个婴幼儿的表现，看看他们告诉了我们什么，我们会用获得的信息满足他们的需求。婴幼儿是理论家，他们不断地验证自己的想法。教师是研究者，试图通过仔细观察来提高自己的理解能力。目标明确的教师会从 3 岁以下儿童的身上获取信息，将其用于设计游戏、计划课程以及与家长合作。充满尊重的教与学方法会在空间创设和对儿童及其家庭需求的考量上得以体现。婴幼儿有无限的学习能力。

从沙砾到珍珠

漂亮的首饰通常是由稀有晶体和贵重金属制成，但一颗宝石是生物进化而成的。当外界异物（你可能听说过，这些异物通常不是一粒沙砾）进入贻贝、蛤蜊或牡蛎中时，它们会建立一层又一层的珍珠层，这是一种坚固的、色彩斑斓的外层。同样，教师在应对挑战时，也会层层提升自己的技能与认识，直至一件事情有了巨大的进步和美好的结果。钻石、红宝石和蓝宝石的美是工匠通过对其表面进行切割和打磨展现出来的，而珍珠的美是由内而外形成的。磨砺的时间越长，它们就会变得越坚固，越有价值。“沙砾”在教师变成不可替代的“珍珠”的过程中起到激发热情和毅力的作用。了解自己的价值，让自己发光发亮。

回顾与展望

镜子

- 仔细思考班级和婴幼儿如何以及为什么会变成现在的样子。
- 想一想你现在的班级学习环境。

窗户

- 想一想你对未来的期望。
- 思考你想要尝试的方法、想法和准备实施的策略。

参考文献和推荐读物

American Academy of Pediatrics. 2016. "Media Use in School-Aged Children and Adolescents." *Pediatrics* 138(5):

Barragan, Rodolfo, Rechele Brooks, and Andrew Meltzoff. 2020. "Altruistic Food Sharing Behavior by Human Infants after a Hunger Manipulation." *Scientific Reports* 10:1785.

Brazelton, T. Berry, and Kevin Nugent. 2011. *Neonatal Behavioral Assessment Scale*. 4th ed.London, UK: Mac Keith Press.

Carle, Eric. 2011. *Eric Carle, Picture Writer: The Art of the Picture Book.* Kate Geis, director.

Colker, Laura J., and Derry Koralek. 2020. "Learned Optimism: A Critical Skill for Teaching and Learning." Community Playthings.

Duncan, Sandra. 2011. "Breaking the Code: Changing Our Thinking about Children's Environments." *Exchange* 33(4).

Eckhart, Kim. 2020. "Altruistic Babies? Study Shows Infants Are Willing to Give Up Food, Help Others." *UW News*, February 4.

Forman, George, and Ellen Hall. 2005. "Wondering with Children: The Importance of Observation in Early Education." *Early Childhood Research and Practice* 7(2).

Hartshorne, Joshua, Joshua Tenenbaum, and Steven Pinker. 2018. "A Critical Period for Second-Language Acquisition: Evidence from 2/3 Million English Speakers." *Cognition* 177: 263–277.

Hu, Tian-Yi, Jingyu Li, Huiyan Jia, and Xiaofei Xie. 2016. "Helping Others, Warming Yourself: Altruistic Behaviors Increase Warmth Feelings of the Ambient Environment." *Frontiers in Psychology* 7:1349.

Kamenetz, Anya. 2018. "5 Proven Benefits of Play." nprEd.

Lally, Ron. 2000. "The Importance of Social and Emotional Attachment." *Ensuring Quality and Accountability through Leadership: A User's Guide.* Washington, DC: Head Start Bureau, Administration on Children, Youth, and Families, Administration for Children and Families, US Department of Health and Human Services.

Legendre, Alain. 1995. "The Effects of Environmentally Modulated Visual Accessibility to Caregivers on Early Peer Interactions." *International Journal of Behavioral Development* 18(2): 297–313.

Lew-Williams, Casey. 2016. “Forget Flashcards, Play With Sticks. An Expert Explains How Children Learn.” *World Economic Forum,* October 3.

Park, Alice. 2015. “This Is a Baby’s Brain on Pain.” *Time* April 21.

Perry, Bruce D. n.d. “Creating an Emotionally Safe Classroom.” Scholastic.

Perry, Bruce D. n.d. “Curiosity: The Fuel of Development.” Scholastic.

Pica, Rae. 2018. “In Defense of Active Learning.” Community Playthings.

Pratt, Michelle. 2014. “Environments that Speak to Children.” *Exchange* 36(5).

Puura, Kaija, Elmarie Malek, and Astrid Berg. 2018. “Integrating Infant Mental Health at Primary Health Care Level.” *Perspectives in Infant Mental Health* 26(2-3): 4-6.

Stephens, Karen. 2015. “Ceiling Fascinations: Good Reasons to Look Up!” *Exchange* 37(2).

Sullivan, Meg. 2016. “Your Brain Might Be Hard-Wired for Altruism.” UCLA Newsroom: Health + Behavior, March 18.

Vasandani, Sony. 2015. “Creating Environments that Reduce Children’s Stress.” *Exchange* 37(6): 40 -43.

Wadsworth, Olive. 1962. *Over in the Meadow*. New York:

Wonder Books.

Walsh, Theadora. 2020. “In Rhoda Kellogg’s World, Every Child Is an Artist.” KQED, February 10.

Warneken, Felix, and Michael Tomasello. 2006. “Altruistic Helping in Human Infants and Young Chimpanzees.” *Science* 311(5765): 1301–1303

Wyont, Wanda. 2018. “Shape Young Minds Learn Through Sensory Environments --Learn How, It’s Easy!” Fractus Learning.